人は何のために「祈る」のか

—生命の遺伝子はその声を聴いている—

村上和雄／棚次正和

祥伝社黄金文庫

はじめに

私は生命科学の現場に50年、そのうちの後半25年は遺伝子の研究に従事しています。この間、遺伝子の研究の進展は目覚ましく、現場にいる私たちの予想をはるかに超えています。

遺伝子の研究を通じて、私は心のあり方が遺伝子の働きに影響を及ぼしていると確信するようになりました。このことを証明するため、2002年に「心と遺伝子研究会」を立ち上げました。

この研究会では、吉本興業の協力を得て、「笑い」が遺伝子の働きにどのように影響を及ぼすのか、という実験を4回にわたって行ないました。これらの実験から、笑いが糖尿病患者の食後の血糖値上昇を抑えることを発見したのです。薬とともに、お笑いビデオを提供する医療機関が生まれようとしています。

そして、笑いによってどの遺伝子がオンになり、オフになるかという研究の成果が出はじめました。この成果をもとに2008年3月、「笑いと遺伝子の働き」をテーマにした世界で初めての博士が誕生しました。この研究を突破口にして、さらに心と遺伝子の働きの関係を探っていきたいと思っています。

私は笑いを含めて陽気な心が良い遺伝子のスイッチをオンにして、陰気な心が良い遺伝子をオフにすると考えています。陽気な心の中には楽しい、嬉しいなどの心に加えて、感動、感謝なども含まれると考えています。

一方、医学・医療分野において革命的なことが起ころうとしています。それは、西洋医学だけに基づく医療が、今やアメリカでは50%を割ろうとしているということです。

この事実に驚いたアメリカ政府は、国立衛生研究所（NIH）に命じて、大がかりな調査を行ないました。その結果、東洋医学などの伝統医学をはじめ、薬草（ハーブ）、漢方薬、鍼灸《しんきゅう》、瞑想《めいそう》、音楽、信仰などの医療に及ぼす効果についての研究が、非常に活発化しています。

２００６年には、この分野に１億２０００万ドル（当時のレートで約１５０億円）の予算をつけ、毎年増額しています。西洋医学は目覚ましい成果を上げてきましたが、それでも病人は減らず医療費は毎年アップしており、西洋医学の限界が明らかになったからです。

アメリカでは、毎年２００万人近い入院患者がいますが、そのうち10万人もの人が、薬の副作用などにより、入院当初はかかっていなかった病気で死亡しています。これは、交通事故による年間死亡者数の２倍を超えているのです。

特に私が注目しているのは、新しい分野で、祈りの治療効果が明らかになりだしたことです。ハーバード大学、コロンビア大学などの権威ある大学が、競ってこの研究に乗り出しています。研究費援助の効果は大きく、祈りの効果を肯定する発表が相次ぎました。すでに、その研究例は１２００を超えています。

そして、「精神神経免疫学」という新しい分野も開かれました。人類が古来続けてきた「祈り」が最先端の研究分野になりつつあるのです。

まったく有効成分が入っていないものでも、「これは素晴らしい新薬でよく効く」と言って与えると効果があることは、古くからプラシーボ（偽薬）効果として知られています。これは期待感、自己暗示などが治療に有効であることを示しています。まさに「病は気から」です。

そして、有効成分のまったく入っていない偽薬が新薬の効果の検定に使われています。新薬は、その効果がプラシーボによる効果を上回って初めて認められます。

実際、プラシーボは、被験者の3人に1人くらいには有効です。これまで行なわれてきた臨床実験やいろいろな実験の結果から、プラシーボは脳内でエンドルフィンの分泌を促して痛みを抑え、免疫力を活発化させ、気分をリラックスさせるなど、その効果が科学的に実証されつつあります。

心の持ち方、使い方が身体の状態に強い影響を与えることは、人類は古来より経験上知っていました。

それが今、科学的に実証されようとしています。しかし、現在、医者も含め多くの人は、祈りが治療に有効だとは信じていません。

また、祈りが治療に有効だと認めている医学者でも、その多くは、これはプラシーボ効果にすぎないとも考えています。しかし最近、アメリカの病院で、大変興味ある実験が行なわれました。

心臓病患者393人による実験で、他人に祈られた患者はそうでない患者よりも人工呼吸器、抗生物質、透析の使用率が少ないということがわかりました。

しかも、西海岸にあるこの病院に近いグループからの祈りも、遠く離れた東海岸側からの祈りも、同様に効果がありました。そして、これらの患者は祈られていることすら知らなかったのです。

距離を超えて、他の人のために祈ることも有効だとすると、この祈りは単なるプラシーボ効果では説明できません。これらの研究例は、いずれも統計学的な証明にすぎません。

人類は、数千年にわたり、すべての民族で、真摯《しんし》に祈りを捧げてきました。それは、目には見えないが、確かに存在する大自然の不思議な働き（サムシング・グレート）に対するものでした。祈りは、まさに人類の文化の遺伝子とも言えます。

しかし、祈りにはふたとおりあるのではないか。ひとつは、サムシング・グレートに対する感謝の祈りや、他人に対する感謝の祈り、他人に対する愛や誠に満ち溢れたものです。

他のひとつは、自己中心的な、単なる金儲けの手段に使われるような祈りです。この区別を外から判断するのはなかなか難しいのです。

私は、まごころのある祈りの治療効果にも、遺伝子のスイッチのオン・オフが関与しているという仮説をすでに提出しています。しかし、祈りについては、今の科学では、解明不可能な部分が多くあります。祈りが神に通じる深い聖なる部分については、おそらく科学だけでは永久にわからないかもしれません。

しかし、幸いにも宗教学者で祈りについても深い見識を持つ京都府立医科大学教授・棚次正和《たなつぐまさかず》氏に出会い、祈りと遺伝子の研究をスタートする決心をしました。この出会いはサムシング・グレートのおかげだと感謝しております。

私は過去4回ダライ・ラマ14世と対談を重ねてきました。猊下《げいか》の科学に対する見識と期待をひしひしと感じております。

猊下は次のように述べておられます。

「21世紀の人類が直面する課題は、科学だけでも宗教だけでも解決しない。宗教がもたらす人間性への深い理解と現代科学の知見を融合して、苦難を克服しなければならないのだ。村上和雄《むらかみかずお》氏の重要な研究が、私たちをこの目標に近づけてくれる」

さらに猊下は「祈りと遺伝子に関連する研究は素晴らしく、その成果を大いに期待し、全面的にサポートしたい」と激励してくださいました。

解剖学者で世界的な業績を上げられ、京都大学総長も務められた故・平《ひら》澤《さわ》興《こう》先生は次のように述べておられます。

「ぼくは〝科学は祈りなり〟と思っている。よく勉強していない学者は、わかったことだけでものを綴《つづ》りたがる。それは一を知って十を知らないからである。

たとえば、今まで病の床に寝ておった人が歩き出したとする。多くの学者はそんなのウソだとすぐ言いますが、世界的な学者ハンス・セリエが唱えたストレス学説によれば、それは可能です。非常な感動を受けた場合は、ホルモンなどの内分泌系が変わるのです」

祈りと遺伝子の研究は大テーマであり、私が一生かかっても完成しないと思っています。しかし、全部完成しなくても、その一部でも、突破口を開きたいと思っています。そのための第一歩が本書です。

イギリスの宗教詩人ロバート・ブラウニングの詩の中に「天空に大きな円を描き、その一片の弧とならん」という一節があります。明確な目標とチャレンジする意志を持って研究していきたいと思っています。

本書は共著となっていますが、棚次正和教授と幾度となく意見を交わしたうえで一冊にまとめあげたものであることを付記しておきます。

２０１０年12月

村上和雄

人は何のために「祈る」のか

目次

第二章 なぜ、人は祈り続けてきたのか

第三章 なぜ、人にとって祈りが不可欠なのか 115

第四章

自分のために祈るか、他人のために祈るか

プロローグ

祈るだけで遺伝子がオンになる

祈りにはすごい力が秘められている

これまでの人生で、あなたも祈った経験がきっとあると思います。

しかし、熱心な宗教信者でもない限り、「ときどき祈る」程度のことだったのではないでしょうか。その理由はたぶん「熱心に祈っても、望みどおりにならないことのほうが多い」という思いが、心のどこかにあったからでしょう。

実は、それではもったいないのです。なぜなら、祈りには、病気を癒し、心身の健康を保つ大きな力が秘められていることが、科学的に明らかになりつつあるからなのです。

そうした例をひとつ挙げてみることにしましょう。アメリカの病院で行なわれた、祈りの効用に関する研究結果です。

重い心臓病患者393名を対象に、一人一人に向けて回復の祈りを行ない、祈らないグループとの比較をしてみました。そうしたら、祈られたグループの患者群は、祈られなかったグループの患者群より、明らかに症状が改善されていました。祈ることが、何らかの形で心臓病を患《わずら》った人たちに良い影響を及ぼしたと報告されたのです。

祈りというと、宗教のことが頭に浮かんでしまい、どこか敬して遠ざけるという態度になりがちです。しかし、いつまでもそういう態度だと、結局は損することになります。祈りという行為は、心身の健康に想像以上に効くからです。

しかも、祈りの良いところは、自分が祈るだけでなく、そばで他人が祈っても効く。遠くで他人が祈り、当人がそのことを知らなくても効く。ほとんど万能の効き目と言っていいのです。これはすごいことだと思いませんか。

新しいもの好きのアメリカでは、祈りに着目する科学者が大勢いて、ハーバード大学、コロンビア大学、デューク大学など有名大学で祈りの研究が盛んに行なわれ、すでに研究事例は1200を超えていると言います。しかし、祈りと治療効果との関係については異論もあり、本格的研究はこれからはじまります。

また、祈りの効用は何も病気に限ったことではありません。妊娠した女性が「良い子が生まれるように」と祈るのもいい、勉学中の学生が志望校の合格を祈願するのもいい、サラリーマンが「仕事がうまくいくように」と念じるのもＯＫです。祈りの効果はどんな領域のことにも通用するのです。

最近、笑いに病気を癒す効果のあることがわかって、医療や福祉の現場で積極的に取り入れられ、「笑い療法士」が誕生しましたが、祈りについても近い将来、宗教とは別に、専門の「祈り療法士」が誕生することになるかもしれません。

なぜ、そんなことが言えるのでしょうか。祈るという行為にも、笑いと同じように人の遺伝子をオンにしたり、オフにしたりする効果が期待できる、そういう見通しが、これまでの研究の結果から出てきたからです。

祈りは好ましい遺伝子をオンにする

私たちの身体は、約60兆個という膨大な数の細胞から成り立っており、そのひとつひとつの構造はまったく同じにできています。同じ構造の細胞が、髪の毛になり、爪になり、心臓になります。卵子と精子が巡り合ってできた、たった1個の受精卵から、複雑な構造のヒトが誕生するのはそのためです。

２００６年に、京都大学の研究チームが、ヒトの皮膚細胞から、神経や筋肉、臓器などあらゆる細胞や組織に分化させられるiPS細胞（人工多能性幹細胞）を作ることに成功し、ノーベル賞級の快挙と世界中から注目を集めました。こんなことが可能なのも、すべての細胞が同じ構造だからにほかなりません。

同じ構造にできあがっているということは、たとえば今は髪の毛になっている細胞でも、心臓の細胞になる能力を秘めていたということです。つまり、身体のどこにある細胞でも、今、担っている役割は、細胞自身が持つ全能性からすると、ほんのわずかな役割でしかないのです。

この細胞の働きのカギを握っているのが遺伝子です。遺伝子は細胞の核というところに収められた情報の塊《かたまり》です。それゆえ、遺伝子は「生命の設計図」、あるいは「生命の暗号」とも言われています。また、遺伝子は身体を作ることだけに働くのではなく、私たちが身をもって生きる営みのすべてを司《つかさど》っています。

心臓を動かし、栄養分を吸収し、エネルギーを作り出すのも遺伝子。遺伝子の働きなしに、私たちは呼吸することすらできません。物を見る、音を聴く、匂いをかぐ、食べものを味わうといったことから、喜怒哀楽、考えることまでもが遺伝子次第なのです。大まかに言えば、生きることのすべてが遺伝子の影響を受けています。

世の中には、いろいろな才能や個性を持った人がいます。身体の強い人、頭の切れる人、優しい人、元気な人……。この違いは遺伝子の働き方のちょっとした差にすぎません。ある遺伝子が活発に働くと、その能力が出てきます。その遺伝子が働かないと、その能力は出てきません。

全遺伝子情報（ゲノム）は約32億の化学の文字（塩基）から成り立っていますが、ふつう生きるのに使っているのは、わずか2、3％にすぎません。

そこで最大の問題は、遺伝子をどう働かせるかということです。自分にとって望ましい遺伝子が働いてくれれば、すごく都合がいい。この遺伝子を働かせることを遺伝子オン、眠らせておくことを遺伝子オフと、便宜上呼んでいます。

さて、そこで祈りについてですが、この10年ほどの間に盛んになった祈りの研究から見えてきたのは、「祈りには好ましい遺伝子をオンにし、好ましくない遺伝子をオフにする効果がありそうだ」ということなのです。

冒頭に紹介した心臓病患者が祈りによって改善の兆しを見せたというのも、その一例ですが、良い祈りが病気を癒す力は、驚異的なものがあります。

たとえば、ハーバード大学医学部のハーバート・ベンソン博士は、祈りが効果的に働いた病気として、高血圧、心臓病、不眠症、不妊症、ガン、エイズ、うつ病、リウマチなどを挙げています。

このほかにも腫瘍で足の切断を迫られた患者が、祈ることで短時日に完全に治るなど、まるでキリストの奇跡のような事例も少なくありません。もちろん、こうした奇跡についての科学的な説明はまだできていません。しかし、科学者が科学レベルできちんと研究しているので、遺伝子レベルでどんな変化が生じているかは把握されていきます。これからが楽しみです。

「祈り」イコール宗教的行為とは限らない

今までは、祈りというのは、主に宗教の世界のものでした。宗教の世界では奇跡というものがよく起きています。それがあるから、人々は宗教を信じるというところがあったわけです。奇跡は誰にも興味深い現象ですが、近代以降の科学者は、この世界にはけっして立ち入ろうとしませんでした。

そんなことをしなくても、科学の世界には研究すべき材料がいっぱいありました。また、宗教とのいたずらな争いを避けるということもあったでしょう。宗教と科学はおたがいの領域に立ち入らないことで、棲《す》み分けを行なってきたのです。

ところが、遺伝子の研究が進むと、そうも言っていられなくなりました。生命の暗号が解読されるにつれて、「生命の神秘」に科学の照明が当てられるようになったからです。遺伝子は間違いなく生命を司っています。遺伝子の情報とその指令がなかったら、たった1個の細胞すら生きていけないのです。

遺伝子は精巧にして絶妙な生命の働きに関わっています。これら遺伝子の持つ膨大な情報と、秩序だった働きは、人為はもちろんのこと、偶然にできたとも考えにくく、科学の常識や人知をはるかに超えた大きな存在を想定せざるをえません。それを私たちは「サムシング・グレート」（偉大なる何ものか）と呼んでいるのです。

つまり、今、科学は遺伝子を解明することで、生命の仕組みを読み解きつつあるけれども、同時にこれまで宗教の領域でしか扱ってこなかった祈りとか奇跡とかにも目を向けざるをえなくなってきているのです。

この視点から改めて祈りというものを見直してみると、人類は宗教教団が生まれるずっと以前から祈り続ける存在であったことがわかります。これは今も変わりません。世界の宗教人口を調べてみると、地球に住む約69億人のうち、キリスト教徒21億人、ムスリム（イスラーム教徒）13億人、ヒンズー教徒9億人、仏教徒4億人、中国の伝統宗教（道教、儒教）4億人と言われています。

残りは他の宗教の信者や無宗教・無神論者ということになりますが、宗教を信じていなくても、困ったときや何か強い願いごとがあるとき、人は思わず祈ってしまいます。祈りに無縁な人間は一人もいない、と言っていいでしょう。

でも、これは不思議でも何でもありません。人間にとって祈りとは、実は生きることそのものだからです。

人間を定義するとき、ホモ・サピエンス（知恵の人）とかホモ・ルーデンス（遊ぶ人）とか言いますが、私たちは自然に祈りをする「祈る人」でもあるのです。あるいは、宗教を広い意味で捉《とら》えて、人間はホモ・レリギオースス（宗教的な人）とも言えるのです。

この見方には、疑問を感じる人がいるかもしれません。「自分は全然祈ったりしない」と。でも、そう感じるのは、祈りを宗教的に考えすぎているからです。宗教を信じない人でも、毎日生きようとしていることに変わりはありません。生きようとする人は、祈ることと無縁ではいられないのです。

なぜでしょうか。このことは生命の仕組みから説明できます。

生命の最小単位である細胞は、38億年前に誕生したときから、ずっと生命の火を絶やさないように働いてきました。そして今も細胞は、生命のリレーを続けようとしています。なぜかわからないが、細胞とはそういうものなのです。

その細胞で私たちの身体は作られています。だから、私たちは無意識的にも生きようとしています。それも少しでもより良く生きようと。遺伝子も常にその方向で働きます。これが祈りでなくて何でしょう。つまり、鳥が空を飛び、魚が水中を泳ぐように、祈りとは生命に自然本性として備わった属性であり、この世に祈らない人間はいないということです。

まず心の底から祈ってみる

たとえば、車を運転しているとき、何かにぶつかりそうになったら、あなたはどうしますか。とっさにハンドルを切って避けるでしょう。これも、もとをたどれば遺伝子の働きです。遺伝子は常に命を守る方向に働いています。

遺伝子がいかに命を守る方向へ働くか、驚くべき実例があります。それはジャック・マイヨールという人が、素潜りの超人的な記録を作ったときに起きました。人間は素潜りで海中をどこまで潜れるか。医学的に計算すると、40メートルが限界と言われていました。

ところがマイヨールは、何と105メートルも潜ってしまったのです。かかった時間は約5分。水棲《すいせい》動物でもない人間が5分間も息をしないで潜っていることなどできません。ベテランの海女さんだって絶対に無理です。では、マイヨールにはなぜそれができたのでしょうか。

実は最初、マイヨールの快挙を誰も信じようとはしませんでした。それはまるで人が単身空を飛んだのと変わらない出来事だったからです。そこで彼は次に潜るとき、潜水具をつけた医者を何人か海中に配置して、自分が潜る様子を目撃させました。それだけでなく、潜っているときの自分の脈拍や血流もチェックさせたのです。

そうしたら恐るべきことがわかりました。平常時は70くらいの脈拍が、何と20くらいまで落ちたのです。これだと酸素の消費量がすごく少なくてすむ。マイヨールが超人的に深く潜れた秘密はこれでした。

ただ、そこまで脈拍が落ちると、ふつう、人間は生きていられません。にもかかわらず、マイヨールはピンピンしていた。その理由は、海中で命の危険にさらされたとき、彼の遺伝子が心臓以外の酸素消費量を極限まで減らすことで彼の命を守ったとしか考えられません。いざとなると、遺伝子はこんなすごい働きもするのです。

しかし、こういうことがマイヨールにはできて、私たちふつうの人間にできないのはなぜか。ここから祈りの問題が出てきます。

マイヨールという人は、ちょっと変わった感性の持ち主で、水族館に勤めていたとき、雌のイルカに恋をしました。本気で恋をして「イルカになりたい」と心から願っていたといいます。そして、「自分はイルカだ」と念じてから潜ったのです。

つまり、彼は自分がイルカになることを願っていた。祈りは願望でもありますから、彼の強い願望によって祈りの効果が現われ、ふだん働いていなかった遺伝子がオンになったとしか考えられません。

マイヨールがやったようなことは、中身は違っても、同じ遺伝子の働きで生きている私たちにもできることです。あなたがもし強く望むことがあるなら、まず心の底から祈ってみるといい。その祈りが生命の調和を乱さないものであるなら、遺伝子に好ましい影響を及ぼすことは間違いありません。

今、日本という国に暮らす私たちは、世界の国々の中では恵まれた状態にあります。何より日本は平和な国です。経済的にもまあまあだし、病気になれば誰もが病院へ行って治療が受けられます。食べることにも困りません。人間として基本的な幸せの条件は一応揃っています。

それなのに多くの日本人は、幸せを感じて毎日を生きていません。何かが足りない、何かが抜け落ちている、そんな気持ちでいる人が少なくありません。世界で一番恵まれた国で暮らす人間が、幸せな気持ちで暮らせないのは絶対におかしい、あなたはそう思いませんか。

以前、昭和30年代の日本人の暮らしと生き方を描いた「ALWAYS　三丁目の夕日」という映画が話題を呼びました。不自由な暮らしの中でも幸せはいっぱいあった。「あの時代は良かった」という声も聞かれます。

これもおかしなことです。それなら不自由な生活がいいことになります。貧しいほうが幸せということにもなります。そんなことはないはずです。多くの日本人が感じているのは、たとえてみれば、情熱を傾けて偉業を達成した人間が感じる虚脱感のようなものかもしれません。

偉業を達成するとき必要なものは何でしょうか。未来へ向けての夢、希望、期待などでしょう。それらは全部祈りと言ってもいいものです。祈りは宗教の占有物ではなく、生きる糧《かて》なのです。

かつての日本人は、必死に祈って生きていました。だからどんなに貧しくても、苦しくても、つらくても、いきいきワクワクと生きられたのです。

ところが、豊かになるにつれて、私たちは「歌を忘れたカナリア」のように祈ることを忘れてしまいました。それも祈りを忘れていることすらも忘れたような、まるで忘却が二乗化されたような状態です。これが一番の問題なのではないでしょうか。

本書では、祈りやその効用について、あるいは祈りの魅力や祈り方について、今まで科学が明らかにした事実を紹介しながら述べてみたいと思います。

第一章

「祈りは良薬」になる、これだけの証拠

「祈ったほうがいい」こんな実例がある

何も祈らないより祈ったほうがはるかにいい。まず本章では、そういう実例を、いくつか紹介してみようと思います。

最初に紹介するのは、多発性硬化症という難病にかかった女性の話です。神に仕える修道女だった彼女は、20歳のときに神経を病むこの病気を発症し、修道女をやめました。その後、病状はだんだん悪くなり、とうとう車椅子生活を余儀なくされました。彼女は神の存在を否定し、祈りも一切やめてしまいました。

しかし、彼女の周りの人たちは、彼女の病気回復を願って、みんな熱心に祈ってくれていました。それでも病状は回復するどころか、さらに悪化、とうとう「寝たきりは時間の問題」と医師から告げられてしまいます。

そのころから彼女はふたたび祈るようになりました。ある夜、夢を見た彼女は、行くべき癒しの場所を指定されます。他人の援助を得てその場所へ出かけて行き、戻ってきてまもなくの夜、祈りを捧げていると、「なぜ求めないのか」という声が聞こえました。彼女はその声に従い、自分が癒されるようにと心から祈りました。

翌朝、異変が起きました。目が覚めると、膝から下が熱を帯びとてもかゆい。しかも、膝の筋肉がピクピクと痙攣《けいれん》している。いつものように車椅子で日常活動をはじめた彼女の脳裏に、フッとある考えが浮かびます。

「私、歩けるんじゃないかしら！」

彼女は車椅子から立ち上がり、２階への階段を難なく上りました。それから外へ出て走りました。家に戻ってくると教会の神父さんに電話して「私、治ったんです！」と告げたものの、すぐには信じてもらえなかったそうです。

こういう話が、祈りの効用に詳しい医師ラリー・ドッシーが書いた『平凡な事柄の非凡な治癒力』（小川昭子・訳／日本教文社）という本にたくさん出ています。長年彼女を診てきた医師のカルテや証言もあるので、事実は疑いようがありません。まさに祈りの奇跡が起きたということです。

今、アメリカでは、代替療法と並んで祈りの効果に関する研究が盛んで、似た事例が数多く報告されています。医療に祈りを取り入れるなど、科学者としてあるまじき態度という批判の声もありますが、祈りを医療に生かそうという動きは、日増しに活発になってきています。

なぜかというと、西洋医学で治らない病気がいっこうに減らないからです。医学は長足の進歩を遂げていますが、治せるようになったのは感染症がほとんどで、ガンとか心臓病、糖尿病などは治すのが難しいのです。

病人に対して医者が行なっていることは、基本的には現われた症状を抑える対症療法です。そういうことから、アメリカでは近代西洋医学に基づく通常医療を受けるとともに、それと並行して、補完・代替療法（いわゆるＣＡＭ）を試みる人の割合が増えていると言われています。

それだけではありません。病気になったら病院へ行きますが、この病院へ行って治療を受けるという行為が、新たな病気（医原病）を招くことも問題視されています。

アメリカで発表された統計によると、年間２００万人の入院患者のうち、10万人が入院当初にはかかっていなかった病気で死んでいます。10万人と言えば、アメリカでは交通事故で死ぬ人の約2倍に当たります。

世界の医師の間で広く読まれている、ごく最近のアメリカ医学会誌によると、アメリカでは薬害により約10万人、その他の医療ミスを加えると20万人もの人が死亡していると報告されています。

こうした医療の現状を憂慮したアメリカ政府は、国立衛生研究所（NIH）に代替療法の研究を命じました。ラリー・ドッシーはこの研究所に籍を置いていた人ですから、補完・代替療法にも詳しいわけです。

その彼が「アメリカの大学医学校の約3分の1が、すでに補完・代替療法についての講座を用意しており、その多くの講座が、祈りを含む」と言っています。考えてみれば、これは不思議でも何でもありません。

子どもが病気になれば、親は心配して「早く治るように」と心から願います。これも祈りのひとつです。今までは、こうした親の祈りと治ることを直接結び付けて考えてきませんでした。しかし、現われた事象と思いの間には、深い関係があるということです。

誰にでも奇跡が起こるチャンスがある

読者のみなさんの多くは「ガンが消えた」という話を聞いたことがあると思います。重いガンと宣告された人がいつの間にか治っているというような現象を、医学では「自然寛解《しぜんかんかい》」と呼んでいます。病気の症状が理由もわからぬまま、消えてしまったような状態のことです。

何の治療もしないのにガンが消えてしまうのです。ガンの自然寛解を経験した患者50人に、「なぜ回復したと思うか」と聞いたアンケート調査結果がアメリカにあります。この調査で一番多かった答えは「祈ること」でした。

このアンケートは複数回答で行なわれ、祈り68%、瞑想と運動がそれぞれ64%、ウオーキング52%、音楽50%という数字が報告されています。でも、ガンが何も治療をしないで治るなんて「信じられない」と思う人が多いと思います。

しかし、結果が出ることにはすぐに飛びつく気質のアメリカ人の間では、今、祈りがちょっとしたブームになっています。祈りによって治療効果を得ようとするヒーリング・サークルの活動が非常に活発になっているのです。

この点、日本はかなり遅れています。いくらガン検診で早期発見しても、従来型の治療法のみに頼っていては、現状を変えるのは難しいでしょう。

アメリカの国立衛生研究所（ＮＩＨ）はさすがに視野が広く、祈りだけでなく、東洋医学の漢方薬、鍼灸、瞑想なども対象に多額の予算を計上して、どんどん研究を行なわせています。中身に少しくらいあいまいさがあっても、一定の成果が出ているとには、すぐに科学的なアプローチをかける姿勢は、日本も少し見習ったほうがいいと思います。

祈りで病気が治る……こういう話は「奇跡」という言い方がよくされます。奇跡は「信じるか、信じないか」、いわば信仰の世界の出来事です。信仰は心の領域の問題であり、病気という肉体の異変とは関係ないというのが、近代医学がずっと押し通してきた考え方であり態度でした。

しかし、祈りというものへの科学的な研究が進むにつれて、少し風向きが変わってきました。そのことをよく物語るのは、「ルルドの奇跡」に対する解釈の姿勢です。

フランスの霊地ルルド巡礼で奇跡的に治癒した次のような例があります。

骨の腫瘍で左足切断の危機に見舞われたイタリア人の中年男性が、ルルドに連れて行かれ、聖水で沐浴《もくよく》をしました。その1カ月後に検査すると、腫瘍は縮小しはじめていて、2カ月後には自分の足で散歩ができるまでになった。そして、まもなく医者から「治った」とお墨付きをもらえるまでになったのです。

この事例は細かい治療記録も残っていて、ルルド国際医療協会によって「奇跡」と認定されました（1970年）。この委員会は医者も含めた20人の委員で構成されているもので、事実としては疑う余地がありません。同時に医学的には説明不能な出来事です。

ルルド国際医療協会は、ルルド巡礼者の治癒の申し立てを受け付け、厳密な審査を行なっています。しかし、今までに奇跡と認定されたのは、この地に巡礼に訪れた患者のわずか0・003％にすぎません。

そのあまりの少なさに「自分とは関係ない」と思う人が多かったのです。医学も無視してきました。だが、祈りの解明が進むにつれて、別の見方が出てきました。それは何かというと、「想像以上に奇跡は起きているのかもしれない。とすれば、誰にでもそのチャンスはあるのではないか」ということです。

これは次のように考えればよいと思います。何十年も健康体のままで、病気ひとつしない人がいるとします。では、その人は本当にひとつも病気をしなかったのか。もしかしたら、そうではなかったかもしれません。

ある時点で検査をしたら、「手の施《ほどこ》しようもありません」と医者が匙《さじ》を投げるほどの末期ガンになっていたのかもしれません。だが、自己治癒力でそれを克服していた！　つまり、奇跡は誰も知らないところで起き、完了していたということです。

そういう奇跡的な事例が表沙汰《おもてざた》になったときだけ、私たちは「奇跡が起きた」といって騒ぎます。しかし、「奇跡は日常的に起きている」と考えれば、先に紹介したガンの自然寛解も説明がつきます。祈りの科学的な効用が明らかになるにつれて、科学者の間でも、こういう見方がされるようになってきているのです。

外科医も手術の前に祈っている

もうひとつ、興味深い祈りの治癒例を挙げてみましょう。

18歳の青年が悪性の脳腫瘍になりました。若いだけに進行が早く、西洋医学の最先端の治療を施したものの、全然効果が見られませんでした。幸いだったのは、青年の父親が高名な医師だったことです。

青年の父親は、従来型の治療に効果がないと見るや、直《ただ》ちに同僚医師らに参加を呼びかけて、息子のための「ヒーリング集会」を催しました。この集会には60人の現役医師が参加したそうです。そして、青年の治癒を願って祈りを捧げました。

すると、どのようなことが起きたでしょうか。集会から10日後、青年の脳腫瘍は消えてしまったのです。その後、彼は何度か再発の危機を迎えますが、そのたびに乗り切り、最終的には骨髄移植によって、完全に治癒することができたといいます。

医師である青年の父親は、この奇跡とも言える出来事について、次のようなコメントを残しています。

「心や祈りの力がどのように働くのか、私たちにはわかりません。でも、だからといって、それが働かないわけではないのです」

こういう話におそらく読者は「ウソではないだろうが、自分の身に起こるとは思えない」という感想を抱かれると思います。でも、医療の現場では違っています。たとえば、外科医は手術前に祈る人が多い。優秀な外科医ほど「今日の手術がうまくいくように」と祈っているのです。その話を外科の分野で大変著名な京都大学医学部の青《あお》柳安誠《やぎやすまさ》名誉教授（故人）から聞きました。

ただ、医師は自分のそうした行為を表には出しません。表に出すと、「神頼み」をしていると思われかねないからです。

患者に少しでも不安を抱かせないために、医学に馴染《なじ》まない「祈り」は除外して考えていました。だが実際には、無意識であれ「祈ってしまう」というのが、医師たちの現実の姿だったのです。これはけっして医療不信につながることではありません。

むしろ治療にはプラスに働くと思います。そのことは脳腫瘍の青年の治癒例からも明らかなことです。祈りというものが、医療の現場で顧《かえり》みられなかった時代は、外科医は自分の祈りの行為を秘密にしていました。

最近は祈りが医療にも取り入れられるようになったこともあって、そういう秘密主義はだんだんなくなってきました。これは好ましい変化と言えます。ただ、医学教育では依然として、奇跡的治癒は「無視する」ことに決めています。こういう態度は改めていく必要があると思われます。

すでにアメリカでは、カウンセラーのリードで行なう小規模の「ヒーリング・サークル」が頻繁に催されています。20人くらいの人間が集まって、おたがい自分が抱える病気を告げて、みんなで祈るのです。

宗教は問いません。それぞれが自分の神に語りかけるという自由な形式です。神を信じない人は、何に祈ってもいいのです。日本と違うところは、こういうサークルへの参加を病院や医師が積極的に勧めていることです。

このようなサークルに参加して、どれだけの効果があるのか、読者のみなさんはきっとそれが気になるでしょう。効果はかなりあります。

たとえば、うつ病の薬を手放せなかった人が、薬がいらなくなったり、高血圧症の人も症状が改善したりするといいます。もっとも劇的な例としては、歩行も難しかったエイズ患者の改善例でしょう。

中年のエイズ患者が仲間と一緒にサークルに来て、みんなで熱心に祈ったら、半年で旅行へ行けるまでに回復した。この事例については、免疫細胞の数値が高まったことが医師の検査で確認されています。

アメリカではヒーリング・サークルが大きな広がりを見せ、病気が癒されたという報告が続々集まっています。そのことが祈りの医学的、科学的研究に拍車をかけるという好循環になっているようです。

まさに「祈りは良薬」と言っていいと思いますが、祈りというものは、何も病気のためだけに行なうものではありません。生きる営みのすべてに関わってくることです。そこで、病気治しはこのへんでひとまずおいて、次に病気以外で祈りの成果が上がった例を見てみることにしましょう。

「思い」は遺伝子にも伝わる

プロローグで「祈りは遺伝子をオンにする」ということを述べました。次に紹介する事例は、遺伝子オンに関するものです。

からきし弱いアメリカンフットボールの大学チームがありました。その弱さは特筆もので、同じ大学リーグの強豪チームと戦うときは、100対0でも誰も不思議がらないほどでした。

そのチームを指導することになった新任監督は、「何とか強くしてやろう」とひとつの指導法を取り入れたのです。数年後、その大学は何と「大学日本一」の栄冠を手に入れました。いったい、監督はどんな方法を取り入れたのでしょうか。

それは1年生部員を「神様扱い」することでした。体育会系では先輩後輩の序列が厳しく、1年生は雑用係をさせられます。ところが監督は、2年生以上の部員に、1年生を神様として扱うことを命じたのです。

具体的にはどんなことをしたのでしょうか。まず雑用はすべて4年生が引き受けた。次に練習ではホメてホメてホメまくった。その結果、1年生はめきめきと実力をつけ、数年後には強豪チームに変身してしまったのです。

これは実際にあった出来事です。急に強くなったのは京都大学のチームです。当時、学生アメフト界では、西の関西学院大学、東の日本大学と言われていました。ところが、この時期の京都大学は、たった一人の常識破りの監督（水野弥一《みずのやいち》氏）によって、本当に日本一になっています。

これはいったい何なのか。「一人の人間の中には無限の可能性が眠っている」とよく言いますが、眠っているその可能性を、1年生を神様扱いするという方法によって、遺伝子的に目覚めさせたのです。

この方法はけっして独創的なものではありません。むしろ、古典的と言ってもいいくらいです。たとえば、ローゼンタールという人が行なった次のような心理学の実験があります。

研究チームの人間が学校へ出かけて行って、いきなり知能テストを実施し、成績が突出して優秀だった生徒数名の名前を発表して帰ってくる。半年後に、名指しされた生徒の成績の変化を調べる。すると、生徒の成績は例外なくグンと伸びているのです。

この実験には大きなカラクリがありました。知能テストで優秀だと名指しされた生徒は、実はランダムに選んだものであって、必ずしも頭のいい子が名指しされたわけではなかったのです。

にもかかわらず、成績が伸びるのは、周囲の期待や自分が得た自信によって、勉強に関係する遺伝子がオンになったからと考えられるのです。これを「ピグマリオン効果」と言います。

自分が作った女人像に恋をしてしまったピグマリオンが一心に祈ったら、彫像が本物の女性になって現われたという故事にちなんで、期待に沿うような効果の現われることをピグマリオン効果と呼んでいます。

何かに強い期待や願望を抱いた人は、自分の心にその実現を念じます。念じることは祈りに似ているところがあるから、強い期待は祈りとも言えるのです。京都大学のアメフトチームが強くなったのも、監督以下が強くなることを強く念じたからにほかなりません。

「熱烈な思いは天に通じる」と言いますが、思いは天ばかりでなく、細胞の中の遺伝子に直接働きかけます。このへんのことはまだ明らかではありませんが、祈りのもたらす効果を考えると、この推測もあながち的外れではないと思います。

「何も求めない」という祈りもある

では、祈りの効果を得るためには、熱く強い思いを持てばいいかというと、そうとも言えません。熱く強い思いが逆効果になることもあるからです。

たとえば、子どものためを思って厳しくすると萎縮するとか、とかく意図とは反対の結果になることは少なくありません。

私たちは、何か問題を抱えると、「解決しなければならない」と無条件に思ってしまいます。何とか解決しようとすることが、かえって問題をこじらせます。ガンの治療でも、そういう傾向が見られます。

人生には、解決しようにも解決できないこともあります。たとえば、治療法の見つからない難病にかかるとか、返せないほど多額の借金を背負う、あるいは聞く耳を持たない人とのトラブルなどです。何をしてもお手上げという状態のとき、どうしたらいいのでしょうか。ひとつの選択肢として「何もしない」という方法もあります。

祈りには「無の祈り」と呼べるようなものがあります。強く願うのも祈りなら、「私はもう何も望みません」という祈り方もあるのです。自分を捨ててしまっているようですが、そうではなくて、祈る対象に身柄を預けると言ったほうがいいでしょう。

そうすると何が起きるか。自分というものを超えたところで、命の息吹が芽吹いてきて、結果的には望みが叶《かな》ったり、難問が劇的に解決したりするのです。「身を捨ててこそ、浮かぶ瀬もあれ」という諺《ことわざ》どおりのことが起きてくるのです。

黒住宗忠《くろずみむねただ》という人がいます。江戸中期から後期にかけて活躍した黒住教の教祖です。黒住教というのは、陽気をいただいて下腹におさめて気を養う「御陽気修行《ごようきしゅぎょう》」

とともに、毎朝東に向かってお天道様を拝む「御日拝《ごにっぱい》」を勧めている宗教ですが、教祖自身の体験として、次のような話が伝わっています。

神主の家系に生まれた宗忠は、無類の親孝行で知られていました。ところが、宗忠32歳のとき、両親が疫病で相次いで亡くなります。そのショックで自分も身体を壊し、余命いくばくもない状況に追い詰められてしまいました。

そのとき宗忠はどうしたか。何も望まず静かに死を受け容れる覚悟を決め、せめて今生《こんじょう》の決別に、今まで生かされてきた御恩を感謝しようと御日拝をしたのです。すると、「日々にうす紙をへぐがごとく……」という具合に病気は治ってしまったのです。そういう話が弟子の綴った『御小伝《おんこでん》』に出ています。

人はともすれば、「もっと強くなれ」とか「がんばれ」といった言い方をしますが、自意識があまりに強すぎると、かえってそれが負担になって、本来の自分が持っている生命力を生かせなくなる、そういうことがあります。

心と身体の間には密接なつながりがあります。特に近年は「心構えが大切」とよく言われます。心を強く保ち、少々のことではへこたれない。また、陰気にならないようにするとか、あるいはプラス思考が大切とか……。

でも、どんな良いことでも、あまり気を遣《つか》いすぎると、かえってよくありません。むしろ、何も気に病まずのびのびと生きるほうがいいのです。良いことも悪いことも、自分の身に起きたことはすべて「ああ、そうなんだ」と受け容れるのも、何も望まない「無の祈り」に通じる良い生き方と言えます。

最近は「幸せを求める」人が大勢います。でも、人生というのは、いつどうなるかは誰にもわかりません。だから、「今ない何か」を求めるより、今の時間、今の場所で、今の境遇をいったん受け容れるというのも、良い遺伝子をオンにするひとつの方法と言えます。

「本物より効くニセ薬」の真理

祈りの効力について、「そんなものはあるわけがない」と否定的に考える人も少なくありません。そういう人たちの中で、科学的な根拠によって否定する人たちがよく持ち出すのがプラシーボという言葉です。

いわく、「祈りの効果なんて、どうせプラシーボだろ……」。プラシーボとは偽薬（ニセ薬）のことです。ある薬の効力を試すとき、偽薬も用意して患者に飲ませ、効き目の差を測定する、そういう目的のために作られるのが偽薬というものです。

ところが、この偽薬が効いてしまうことがある。うどん粉でも「頭痛薬ですよ」と言って飲ませると、本物と思って飲んだ人の頭痛が治る。これがプラシーボ効果と言われるものです。祈りの効果も似たものじゃないか、というわけです。

つまり、祈りそのものには普遍的な効果はないけれども、信じて祈る人には、ときに祈りが効いたような出来事が起きてくる。人の心にはそういうこともあるというのです。よく言われる自己暗示というのがそれです。

では、祈りの効果はプラシーボ効果なのでしょうか。先に紹介した医師のドッシーは、明確にそれを否定しています。なぜなら、プラシーボ効果が得られるには、当人が自己暗示にかかるだけの情報が提示されていなければならないからです。

つまり、「ニセ薬」であるとは露《つゆ》とも知らずに、同時にその効果に期待するという気持ちにならなければだめなわけです。これに対して祈りの効果はどうかといえば、当人がまったく与《あずか》り知らないところで、他人が祈っても効くことがあります。この一点をとっても、祈りの効力をプラシーボ効果と同列に置くことはできません。

だからといって、プラシーボ効果は別に悪いことではありません。子どもが風邪を引いて熱を出したとします。たまたま家に薬がない。そういうとき、母親が栄養剤か何かの錠剤を「これは風邪のお薬だから……」と言って飲ませます。それが効けばけっこうな話で、けっして悪いことではありません。実際にそういうことはかなり日常的に起きています。

ただ、祈りの効果をそれと一緒にするべきではありません。なぜなら、祈りの効果はもっと根源的なところから出ているものだからです。とはいえ、この問題がややこしいのは、次のような事例もあるからです。

ある主婦が末期ガンで余命半年と宣告されました。そのとき医師たちはひとつのプランを立てました。それは彼女の夫の了解を得たうえでプラシーボ効果の実験をすることでした。医師たちは主婦にニセ薬を差し出して、こう言いました。

「申し訳ないが、前の診断は誤りでした。病状は思ったより軽かったようなので、この薬を飲めば全快するでしょう」

主婦はその言葉を信じてニセ薬を約1週間服用しました。すると、何と全快してしまったのです。

これをどう解釈すればいいのか。プラシーボ効果であることは間違いありませんが、このような形で効果が出ることはめったにありません。ということは、プラシーボ効果以外の力が働いた可能性があるわけです。

それは何でしょうか。当事者が心の底から治癒を祈ったためかもしれません。彼女の夫も祈ったに違いありません。あるいは、彼女の周りの人も医師団も……。プラシーボ効果と祈りの効果の相乗作用で奇跡が起きた、としか考えられないのです。

このようにプラシーボ効果と祈りの効果は、現象的には見きわめにくい関係にあります。けれども、祈りの場合はプラシーボを超えた何かがあるはずです。それはまだ明らかではありませんが、この先、遺伝子の研究が進めば、きっと解明されてくると思います。

植物も祈りの声を聴いている

祈りの効果はとても広いものがあります。ときにそれは人が祈ることで、動物や植物にも良い効果を与えることができます。そうした例を次に挙げてみましょう。

アメリカはアイオワ州の農村地帯で、1995年秋に地区の牧師の音頭で、トウモロコシ栽培農家の人たちが「多収穫」の祈りを集団で行ないました。

結果はどうであったかというと、ずっと不作だったのが、その年は思いがけないほどの豊作だったというのです。この計画は事前に公表され、周到な準備のうえで行なわれたので、祈りの効果のひとつに数えてもいいと思われます。

この例は人間の祈りがトウモロコシという植物に届いたということですが、似たような事例は日本でも確認されています。それは1985年に「つくば万博」が開催されたときのことでした。

このとき、ハイポニカという栽培方法で、1本のトマトの木に1万個以上の実をならせたことが大変話題になりました。しかし、そうした話題とは別のところで、とても不思議なことがあったのです。

「ガイアシンフォニー」という映画に、1万個のトマトが実っている光景を撮影する予定だった監督の龍村仁《たつむらじん》さんが、たまたま海外に出かけていて、帰国がトマトの最終の撮影予定日（トマトが木になっている限界日）より10日も遅れることになってしまったのです。

そのとき龍村さんはどうしたか。ヨーロッパから、「急いで帰るから、どうか待っていてくれ、実を落とさないでくれ」と祈るような気持ちで、トマトに毎日毎日呼びかけていたといいます。

やっと帰国した龍村さんは、成田からつくばに直行しました。トマトは実を落とすことなく撮影隊を待ち受けてくれました。龍村さんは「ありがとう、ありがとう」とトマトにお礼を言いながら、無事に撮影を終えました。

龍村さんたちがホッとして引き上げると、その晩、龍村さんのところに、ハイポニカ栽培法の生みの親である野澤重雄《のざわしげお》さんから電話が入りました。内容は「あなたが帰った後、何千個ものトマトが堰《せき》を切ったように落下をはじめた」というものでした。

こういう話もあります。バラに向かって、愛を表現し「危害を加えない」と保証し続けたところ、何世代か後に棘《とげ》のないバラができた……。これも人間の気持ちをバラが受け止めたからだと考えられます。

ある会社の社長さんは次のような実験をしました。同じ木から採れた同サイズのミカンをふたつ用意し、ひとつにはプラスのマーク、もうひとつにはマイナスのマークをつけ社長室の棚に並べておきました。

次にプラス印のミカンには「お前はいつまでも美しい、良いミカンだ」、マイナス印のミカンには「早く腐れ、お前は悪いミカンだ」と毎日語り続けました。そうしたら、そのとおりになった。さらに、開発部門の社員を使って、再度実験したところ、やはり同じ結果を得たということです。

これらの現象は現代の科学では説明できませんが、事実は事実として受け止めたいと思います。

遺伝子には次の三つの性質があると考えられています。

①生命の形質や特徴を情報として次世代に伝えることで、生命の連続性を保とうとする働きがある。
②今、現在の生命体のすべての営みを正常に保持し、細胞を絶えずリフレッシュしていく、「生命の更新」を管理する機能を持っている。
③遺伝子のオン／オフのスイッチ機能は、固定的なものではなく、さまざまな刺激や環境変化によって、人為的かつ後天的に作動したり切り替えたりできる。

つまり、外からの物理的、化学的な変化や心の持ち方でその働きは大きく変わってくるということです。同時にこのような遺伝子の働きは、人間だけに固有なものではなく、大枠では動物も植物も細菌にも同じように作用するということです。

もうひとつ祈りに関してとても重要なことがあります。それは、祈っても効果が現われなかったとき、どう解釈すべきかという問題です。

たとえば、勉学中の学生が志望校への合格を祈願した。勉強も一生懸命にしたけれど、祈ることにも熱心だった。だが、どういうわけか不合格だったという場合です。

あるいは、ある男女がどこから見ても幸せが保証されたような恵まれた条件で結婚をした。周囲も全員が祝福してくれた。にもかかわらず、その男女はうまくいかず早々と別れることに……。これは祈りが通じなかったからなのか、ということです。

最近流行のスピリチュアル相談の材料になりそうなテーマですが、もし祈りが良薬であるならば、こういうことになるはずがない、やはり祈りなんか当てにならない……。偶然の産物なのだという印象を持つ方もいることでしょう。祈りに関して、こういう感想を持っている人は少なくないと思います。

これは次のように解釈できます。結論から言えば、祈りの効果は考えられる可能な答えの中でもっともふさわしい答えを導き出す、つまり「最適解を出す」ということです。

もちろん、祈り方が悪かったり、動機が不純だったりで、祈りの効果が期待できないこともありますが、そうでない場合は結果を見て「だめだった」と思うのは必ずしも正しくはありません。

考え方ひとつでどんな不幸も小さくできる

レントゲンという人がいます。X線の発見者として第一回ノーベル物理学賞を受賞した科学者です。彼はオランダで育ちますが、大学受験を間近に控えた高校最終年のとき、悪戯《いたずら》をした友達をかばったという些細《ささい》な理由で、高校を退学させられてしまいます。オランダでの大学進学の夢破れた彼は、しかたなくスイスへ行きます。

そしてスイスで大学へ入り、そこで生涯の師となるクント教授に出会います。もし、この出会いがなければ、栄《は》えあるノーベル賞学者レントゲンは存在しなかっただろうと言われています。

人生にはこういうことがよくあります。だから、どこから見ても受かっていいはずの受験に失敗するとか、誰からも祝福されたのに失敗する結婚というのは、そのことが正解である可能性が大きいと考えるべきなのです。

アメリカには「スピンドリフト」という著名な祈りの研究組織があります。そこの副所長を務めていたデボラ・ローズという人が、次のようなことを言っているのには耳を傾ける価値があります。

「私たちは、トマトの苗にとって一番望ましいのは、より大きくより赤いトマトを早く実らせることだと思い込んでいる。そうしたトマトは、苗を温室に入れれば作ることができる。しかし、そのような育て方をしたトマトは味が落ち、実の数が減り、病気に対する抵抗力も弱くなる」(『祈る心は、治る力』ラリー・ドッシー・著、大塚晃《おおつかこう》志郎《しろう》・訳／日本教文社)

つまり、トマトの健康のために祈っていると思っている人間が、実際はトマトが不健康になるよう祈っている、というのです。

祈りの効果を引き出すには、心の持ち方が一番大切です。いくら恵まれた環境であっても、心の持ち方が悪ければ、良い結果は出ません。つまり、遺伝子オンにならないということです。祈りの効果を十分に受けるには、遺伝子オンが条件になりますから、それでは困るわけです。

遺伝子オンは不思議なところがあって、誰が見ても「ワーッ、大変だ」と逃げ出したくなるような環境や条件が、むしろ良い導きの機会になることも珍しくありません。レントゲンの場合もそうです。だから祈りが叶わなかったような状態は、がっかりするのではなく、希望を持って前に進むことが大切なのです。

では、正真正銘の不幸に出会ってしまったようなときは、どうでしょうか。後の祭りで、もう祈ってもしかたないのでしょうか？　そうではありません。不幸な出来事が不幸な状態を生み出すとは限らず、別の新しい幸福を招くこともあるのです。

ある日の新聞投書欄に「寝たきりの妻に尽くしたい日々」と題して、次のような文章が載っていました（「産経新聞」２００４年８月２日）。

「家内は病院の個室で、いつも入口に向かって寝ている。交通事故から４年が経過し、今では歩くことも、言葉を発することもできなくなり、自分の兄弟すらわからなくなってしまった。ただ、私と娘だけはわかるようである」

「私は家内を訪ねるときは、まず部屋の入口より家内の顔をじっと見つめつつ、黙って顔を近づけていくのだが、二人の間隔が１メートルくらいに迫ると、家内はにっこりと微笑《ほほえ》む。これが私だけに示す家内の唯一の反応である」

筆者は86歳。結婚57年、81歳の妻の病室を一日おきに訪ねるのを日課にした人生は、事故という不幸な出来事から生じたものですが、筆者は奥さんの介護に生きがいを感じている様子です。

奥さんが健康体であったほうがいいに決まっていますが、この新しい事態を受け容れることで、筆者は別の新しい幸せをつかんだのです。奥さんも同じだと思います。

事実は変えられないが、心の持ち方ひとつで人生はいかようにも変えられます。筆者は、「どちらが先に逝《い》くかわからないが、私は一日一日『妻に尽くしたい』と思っている」と結んでいますが、この思いこそが祈りそのものなのです。

ときどき、こんなふうに嘆く人がいます。「自分はまじめに一生懸命に人生を生きてきた。悪いことは何もしていない。人のために役立とうと努力もしてきた。にもかかわらず、自分には不幸ばかりが襲いかかってくる……。なぜなのか。この世に神も仏もないのか。それとも神様は不公平なのか」と。

こういう人はどこがいけないのでしょうか。これはネガティブ・ストレスと、ポジティブ・ストレスの問題です。つらいことや苦しいことが重なると、誰でもネガティブ・ストレスを感じるようになります。

たとえば、肉親が病気で苦しんでいるとき、そのために祈ることはあっても、心配のあまり否定的な気持ちにとらわれてしまいます。これがネガティブ・ストレスです。こんな状態で何かを祈っても、あまり良い効果は得られません。

このようなとき、前向きのポジティブ・ストレスに変えるには、どうしたらいいでしょうか。答えの一例を挙げてみましょう。ある青年の話です。彼は苦学して理系の大学に学び、製薬企業の研究者になりました。

彼は子どものころに母親がとても苦労をして、自分たちを育ててくれたのを知っているので、大きくなったら「絶対に親孝行をしよう！」と固く心に決めていました。

しかし、ようやくそれができるようになったとき、母親は認知症になってしまいました。母親に会いに行っても「どちらさんですかね？」と聞いてくる。自分の息子の判別もつかなくなっているのです。

彼はつらい思いを抱えて過ごしますが、あるときハッと思いついたことがありました。それは「母親を治すために認知症の薬を開発しよう」ということでした。それ以来、彼は一心に研究に打ち込んで、見事に認知症に効果がある医薬の開発に成功したのです。

もちろん、薬の研究には長い年月がかかりますから、薬ができる前に母親は亡くなってしまいます。でも、「母親のために……」と思ったときに、きっと彼の中で好ましい遺伝子がオンになったはずです。

祈りの効果と宗教は関係なし

ネガティブなストレスが加わると、ネガティブな結果を招くものですが、そういうとき、その状況や境遇を利用して、前向きな目標を持つとネガティブ・ストレスをポジティブ・ストレスに転換できます。遺伝子オンはそういうときに起きます。「この世には神も仏も……」などとブツブツ言っているようではだめなのです。

99歳を超えても、いまだ現役医師として活躍されている日野原重明《ひのはらしげあき》先生（聖路加国《せいるかこく》際病院《さいびょういん》名誉院長）は、1970年3月31日に起きた日航機「よど号」ハイジャック事件のとき、乗っ取られた飛行機に乗り合わせていました。

そのとき、「人の運命は自分の力だけではどうにもならないこともある」と悟られたと言います。そして「もし助かったら、拾った命のようなものだから、自分はふつうの医者とは違う医者になろう」と決心されたそうです。

このとき、きっと日野原先生の中で、良い遺伝子がオンになった。そのことが先生のこれまでの超人的なご活躍につながっているのだと思います。

ハイジャック機に乗り合わせるのは、強いネガティブ・ストレスです。でも、考え方ひとつで、こういう転換もできるわけです。そのためには、強い信念や決心によって「思いを作り直す」必要があります。そうすれば、不幸な出来事も必ずしも不幸には見えなくなります。そこから自己変革がはじまるのです。

祈りが一番行なわれているのは、何といっても宗教の現場ですが、祈りの効果を得るために、宗教を信じるのが早道かというと、必ずしもそうではありません。すでに属している宗教があるなら別ですが、祈りのためにわざわざ宗教に関わる必要もないでしょう。

これまでの研究では、祈りの効果と宗教とは関係ないことがわかっています。キリスト教の祈りでも、イスラームの祈りでも、仏教の祈りでも、遺伝子に及ぼす影響は何ら変わらないと思います。無神論者や唯物論者の祈りでも、真摯な祈りであれば、結果は同じかもしれません。

だから、頻繁に祈るために、何かの宗教に入ろうというのでしたら、そういう選択はあえてお勧めしません。むしろ、そんなことに気を遣わないほうがいいかもしれません。宗教によっては、非常に考え方が狭量で、かえって祈りを阻害することもあるからです。

アメリカのある研究機関が祈りの科学的研究をはじめたら、その試みに批判的な宗教団体が、研究の失敗を祈ったという話があります。「自分たちの祈り」以外は認めようとしないというのは、いかがなものでしょうか。

しかし、宗教団体の中には、自分たちの祈り以外は認めないところが少なくありません。その宗教の信者にはそれでいいかもしれませんが、その宗教に属していない人間の祈りにまで干渉してくるのはやりすぎでしょう。

科学が祈りの研究をするのは、宗教の領域を侵すためでも、宗教を否定するためでもありません。純粋に祈りという行為の客観的な効果を探究するものです。もっと協力し合ったほうが、おたがいのためにもいいのではないでしょうか。

祈りの研究にとって、宗教以外にもうひとつ強力な批判者がいます。それは科学的な思考を信奉する人たちです。彼らは「科学が祈りの研究をするなんておかしい」と考えています。

「科学がこんなに進歩しているのに、今さら祈りでもないだろう」

この考え方は、祈りというものを見る目が宗教に偏《かたよ》っているのです。宗教嫌いが祈りをその範囲でしか見ないから、そういう考え方になるのです。そんな批判をしている人だって、どこかできっと祈っているのに、そのことに気づいていないのです。

医者だって祈っています。手術の成功、患者の無事を祈ってくれる医者のほうが、祈らないで手術に臨む医者よりも信用できると思いませんか。

偉大な科学者アインシュタインは「神秘的な感性こそが、人間が体験できるもっとも美しく、もっとも深遠な感情だ。すべての真の科学の源《みなもと》はそこにある」と言っています。本当の科学者はこういう考え方をしているのです。

誰もがどこかでそれと気づかずにしているのが祈りです。悩みや不安、憎しみ、恐れ、恨みなどの感情をコントロールするため、人には祈りが欠かせません。祈りの意味を広く考えれば、祈りの研究への批判が見当違いであることがわかるはずです。

ですから、祈りを宗教という狭い枠の中だけで考えるのはやめて、もっと自由に、人間の自然本性から考えれば、たぶん祈りの見方もずいぶん変わってくるだろうと思います。

鳥が大空を飛び、魚が水中を泳ぐのは自然本性ですが、それと同じように、人間は自然本性として祈るのです。これが祈りに対する私たちの基本認識です。

祈りと薬の効果は似ている

「祈りと薬は似ている」。こう言っているのは前述したラリー・ドッシーです。この言葉は、祈りの効用をとてもよく表わしています。

どんな薬もそうですが、服用して効く人とあまり効かない人がいます。また同じ人でも、効くときと効かないときがあります。祈りもよく似ています。

祈って、その効果がはっきり現われる人がいるかと思うと、いくら祈ってもさっぱりの人がいます。効き目がない人は、「祈りなんか意味がない」と否定的になってしまいます。でも、実際に祈りの効果がないのだから、そう思うのも無理はありません。

なぜこういうことが起きてくるのでしょうか。これはある意味では、心身の相関関係において個人差があるためと考えられます。お酒でも飲める人とまったく飲めない人がいます。お酒の場合は、アルコールを分解する酵素のあるなしが関わっていますが、これと似たような個人差が心身の相関関係にもきっとあるのです。

祈ることで奇跡的に病気が治るような人は、祈りという行為に対して身体が敏感に反応します。いくら祈っても何の変化も起きない人は、そういう反応が起きにくい体質なのではないかと思われるのです。

何に対しても個人差というものがあります。この個人差は遺伝子発現の差です。しかし、基本的なヒトゲノムの構造はみんな同じですから、ある人に起きたことが、ほかの人に起きても不思議ではありません。

祈って病気が治るという事実がある限り、今そういうことが起きない人でも、祈りの取り組み方や祈りの工夫次第では、起きる可能性があると考えて良いと思います。

薬に副作用があるように、祈りにも副作用があると考える人もいます。しかし、これは自己中心的な念力のような祈りに似たものを、間違って用いた結果を、そのように呼んでいるにすぎません。実際に祈りの副作用があるわけではありません。

また、祈りの効果に信頼を寄せるあまり、他の一切の手段に見向きもしない人がいますが、軽率な行動です。たとえば、病気であることがわかったとき、医者の治療を拒んで祈りだけに頼るのは、とうてい、お勧めできることではありません。

ときどき、そういう人がいて、祈り続けていても効果が得られず、病気を悪化させます。そうなると、今度は祈りへの批判が出てきます。また、カルト的な宗教団体が、医者へ行かせず祈りだけで治そうとして死なせてしまうケースもあります。

こういうことがあるために、「病気を祈りで治そうなんてナンセンス」という声が出てくるのです。でも、これは祈りの責任ではありません。祈りを扱う側の人間の問題です。

「困ったときの神頼み」という言葉があるように、とかく私たちは何かが起きると、急に祈りはじめることがあります。不治の病にかかった子どものためとか……たしかに祈りは困ったとき頭に浮かぶことかもしれませんが、そういう付け焼刃《やきば》的な態度で、効用を求めるのは、少し虫が良すぎます。

祈りに対する態度は、病気になったから祈ろうというのでは遅いのです。ふだんから祈りに対する意識を自覚的に深めていき、ちょうど呼吸をするのと同じように自然に祈る習慣を身につけることが大切です。

毎日の生活の中に祈りを取り入れている人が、イザというときも一番祈りの効果が得られるということを知っておいてください。

ひとつはっきりしていることは、今まで宗教の側にあった祈りというものが、科学の光を当てることで、人間すべての世界に有用なものとして再認識されはじめたということです。この現実をまずしっかりと頭に入れることとです。

科学が明らかにした祈りの効用は、宗教の宗派や儀礼、祈りの言葉や儀式の手順などとは関係がありません。真摯に祈れば、祈りの効果は現われます。同時に、祈りの効果はもっともふさわしい答えを導く、つまり「いつも最適解である」ということを忘れてはいけません。そうすれば、祈りは良薬としてあなたのためにきっと役立ってくれるはずです。

第二章

なぜ、人は祈り続けてきたのか

自分を超えたものへの祈り

「思わず天に祈った」という表現があります。別に祈ろうとしなくても、とっさのときに人は祈ってしまいます。人類は大昔から、ずっと祈り続けてきました。古い歴史文献を紐解《ひもと》くと、そこには必ず祈りのことが書かれています。祈りの痕跡が見られない歴史文献はひとつもないと言っていいでしょう。

同時に祈りくらい、はっきりと説明しにくいものもありません。「なぜ祈るのか」という問いに答えるのはとても難しいのです。中世末期のドミニコ会修道士にエックハルトという人がいます。エックハルトは宗教の世界でよく発せられる「なぜ?」という問いに、「〝なぜ〟なしに」と答えたそうです。

「なぜ私たちはここにいるのか」「なぜ手の指は5本なのか」「なぜ春になると樹木が芽吹くのか、別の季節ではいけないのか」……。

こんな質問をされても、答えようがありません。人々が「なぜ」と感じる事柄の多くは、解答不可能なものです。祈りも同じで、「なぜ祈るのか?」と聞かれて、万人が納得できる説明をすることは困難です。

「なぜ祈るか」という問いに対して、「なぜなら……」と答えることはできます。たとえば、あなたが悲しんでいるからです。心が落ち着かないからです。悩みが深いからです。怒りを鎮《しず》めるためです。恨みや愚痴を解消するためです。世界平和のためです。自然の恵みに感謝するためです。神の栄光をこの地に映し出すためです……。こんなふうに答えていけば、いくらでもあるでしょう。

だが、それはその人の祈る理由であって、根本的な問いに対する答えにはなっていません。この問いは「なぜ生きるのか」とか「なぜ生まれてきたのか」と同じで、そう簡単に答えることができません。

にもかかわらず、人は大昔からずっと祈り続けてきました。なぜでしょう? 理由は少なくともふたつあります。ひとつは祈らざるをえなかったから。そしてもうひとつは、祈りに効果があったからです。

祈らざるをえなかったのは、大自然の前で人間のやれることは限られていて、自分たち以上の存在を意識せざるをえなかったからです。

古代の農耕民は気候が順調でないと作物が収穫できませんでした。だが自然の営みは、いつも人間に有利に働くとは限りません。雨ばかり降ると作物がだめになります。しかし、日照り続きでも枯れてしまいます。

そういう経験から欲求を充足しようとするとき、自分を超えたものに祈ることがはじまったのです。祈ってみると効果がある。雨乞いをしたら、何十日も降らなかった雨が降った。祈ると霊験あらたかである……。こういう知恵を人間は身につけていったのです。

人類の歴史の中でいろいろな宗教が生まれましたが、どの宗教でも祈りの儀式があるのは、宗教の枠を超えて、祈りの効用が人類に普遍的に意識されていたからに違いありません。あるいは、宗教そのものが祈りの効用を利用したとも言える面がありま す。教義だけで人を救済することは、いかなる宗教でもできなかったはずです。

要するに、気がついたら大自然の中に放り出されていて、なぜだか知らないが生きようとする習性を持っていた人類は、生き延びるために祈らざるをえなくなり祈った。そうしたら良い結果が得られたということです。

とはいえ、いくら助けを求めて祈っても、効果がなければ、人は祈らなかったに違いありません。このような祈りの実利性や効用は、昔の宗教儀礼を調べてみれば、すぐにわかることです。

たとえば、ネイティブ・アメリカンのホピ族は、現在でも年間に九つの大祭を行なっていますが、彼らにとって祈りは生活の中心をなすものです。日常生活はそのまま宗教生活になっています。それは祈りの効用が実感されているためでしょう。

祈りはブレない生き方を実現させる

しかし、ここでひとつ疑問が出てきます。祈りがそんなに都合良く、人間の願望や欲求をいつもいつも満たしてくれるはずがありません。日照りで困っていて祈ったら雨が降ってくれた。だが、次に同じ状況になって同じように祈っても、雨は降ってくれなかったかもしれません。

病気になって祈ったら治った。でも治らなかったケースも、それ以上に多くあったかもしれません。にもかかわらず、人間が祈ることをやめなかった理由は、何だったのでしょうか。この疑問は現代にも通じています。

合格祈願をして、神社の賽銭箱《さいせんばこ》に1万円を入れる。100円でもいいが、1万円のほうが効くような気がして奮発する。しかし結果は不合格。それでも「お賽銭を返してくれ」と言う人は、まずいません。

ここに、大昔から祈ることに人々が見出してきた大きな効用がうかがえます。人は自分の欲求や願望を満たしてもらうために祈りますが、そうならなくても祈ることをやめませんでした。その理由は、もっと大きな効用に気づいたからです。それは何かといえば、「心が安定する、ブレない生き方」ができるということです。

他の動物と違って大脳を発達させた人間は「考える」ことを好みました。考える学問である哲学（philosophy）という言葉は、「知を愛する」ということです。知を愛し求めていろいろ考えた結果、「万物の根源は水」（タレース）とか、「万物は流転する」（ヘラクレイトス）といった形で、自然観、世界観、人間観を語るようになり、その知の集積が哲学と呼ばれるようになります。

しかし、人間にとって一番の問題は死でした。ふだんは意識していなくても、命に限りのあることはいやでも知らされる。また日々の生活の中にも、さまざまな不安や恐怖、悩み、迷いなどが出てきます。そういうものと対峙《たいじ》しながら生きていくのはけっこうつらいものです。

不安定な心を何とかしたいと人々は考えました。宗教は人々のこの気持ちを吸収して発展していきます。そのとき決定的な役割を果たしたのが、祈りだったと思われます。祈りを捧げていると心が落ち着きます。心の中に中心軸ができて、ブレない生き方ができるようになるのです。人々はそのことに気がついたのです。

「ブレない生き方」とは、人間が生きていくために必要な生命エネルギーが流れてくる、その根源と結び付くということです。生命の根源とつながることが祈りなのです。生命の根源から与えられた生命力によって人間は生きている、このことを人間は太古から直観していたはずです。

宗教ではこの生命の根源を神や仏と呼んでいますが、宇宙法則や大生命と言っても同じことです。「ブレない」とは、このような生命の根源に人間の意識がしっかりと結び付くことであり、それが祈りによって実現されるのです。

もちろん、祈ったからといって、すぐに問題が解決するわけではありません。しかし、「祈りの言葉」には思い煩《わずら》いから人の心を解放する効用があります。生活を送る中で感じるのは、欲望や欲求だけではなく、不安や恐れなどさまざまな思いがあります。そうしたいろいろな思い煩いがどれほど人々の自由を縛っているか、考えてもみてください。

「祈りの言葉」、とりわけ祈りの定型句(決まり文句)は、この生活上の思い煩いを吸収して、それらから意識を解放させる効用があるのです。いわば、祈りは不安定な人生を生きている人々の「取りつく島」になるわけです。

以上のことからわかるのは、祈りにはふたとおりあったということです。ひとつは自分の思いを叶えてもらいたいという祈り、もうひとつは心を安定させるための祈りです。このふたつの効用を求めて人々は祈るようになりました。思いを叶えるための祈りは、むしろ願望や願いなのですが、人々はこれも祈りと称してきました。

人々の祈りたいという気持ちを吸収していったのは宗教でした。祈るという気持ちは、自分の外に存在する何ものかに助けを求めることですから、神や仏という超越者の存在をいただく宗教に人々が向かったのは当然のことです。

今日、祈りという言葉を聞いて人々が「宗教」を思い浮かべるのは、祈りの現場が主に宗教の内部にあったからですが、祈りそのものはけっして宗教の独占物ではなかったのです。その証拠に特定の神や仏を崇拝しない禅などでも、祈りはちゃんとあります。

また日本の神道でも、祈りは行なわれています。神道はギリシア神話のように、多数の神様を持っていますが、祈る対象が人格神であっても、実際に祈っているのは自然神であり、宇宙神であることが多いのです。

つまり、祈りとは何かと言えば、私たち人間が自分の内や外に存在する「サムシング・グレート（偉大な何ものか）」に向かって語りかけるコミュニケーションと言っていいのです。その場合、サムシング・グレートは、一神教や多神教の神であっても、自然であっても、宇宙であってもいいわけです。

日本人はもともと祈りの民だった

世界にはさまざまな宗教があり、大勢の人々が毎日祈りを捧げています。世界の宗教地図を眺めてみると、地球人口約69億人のうち、3人に1人はキリスト教徒、5人に1人はムスリム（イスラーム教徒）、7人に1人はヒンズー教徒ということになります。

これを日本人100人に当てはめると、キリスト教徒32人、ムスリム20人、ヒンズー教徒14人が含まれていなければなりません。ところが日本の宗教統計で見ると、日本人100人のうち、キリスト教徒がやっと1人いるくらいで、ムスリム、ヒンズー教徒は数字に表われないくらい少ないのです。

日本の宗教人口で大半を占めているのは、神道や仏教の信者です。世界の宗教分布からすれば、日本は宗教的にはきわめて特殊な国と言えます。では、日本は宗教に無関心な国民なのか、あるいは祈りをしない民族なのかというと、けっしてそうではありません。それどころか、日本という国は祈りの国であり、日本人は祈りの民と言っていいのです。そのわけは日本という国の成り立ちにあります。

日本は天皇という存在をいただくことで続いてきた国です。今、世界は西暦を用いて紀元2000年ちょっとですが、神武《じんむ》天皇からはじまる日本の紀元「皇紀《こうき》」で数えると、西暦2010年は、皇紀2670年ということになります。

世界で同じ系統の統治者によって2600年も国家体制が保たれた国はありません。これは空前にして絶後のことです。なぜ、そんなことが可能だったのか。それは統治者である天皇の存在形態にありました。

国の最高位にある人は、統治者であり最高権力者というのが世界の常識ですが、日本の場合は少し違っていました。ときにヨーロッパの王権のような統治をした天皇もいましたが、日本の天皇は「祭祀王《さいしおう》」、つまり専門に「祈る人」なのです。

では、何を祈られるのでしょうか。天皇が祈られるのは「国平《たい》らかに、民安《やす》かれ」ということです。この姿勢は今でも変わりません。日本人の宗教観が世界の常識から見てあいまいで、ときにいいかげんにさえ見えるのは、宗教を軽く見ているからではなく、宗教よりも祈り（生き方）に重きを置いてきたからと言っていいでしょう。

また、キリスト教やイスラームのような一神教の宗教が日本であまり普及しない理由も、これでわかります。一神教の世界は自分たちの神が「唯一神」ですから、どうしても他宗教に対して不寛容になりがちです。

自分たちの宗教の一員でなければ「祈ったって効き目があるはずがない」というふうに考えてしまいます。この考え方が、山川草木にでも祈ってしまうような日本人の祈り観と馴染まないのです。

今までは宗教と祈りが強く結び付いていて、それぞれの宗教がそれぞれの祈りの形式を編み出し、「祈りが叶えられる」ことにいろいろな条件をつけてきました。

ところが、祈りを科学的に研究してみたら、どんな宗教でも祈りの効果は得られるし、宗教を信じない人にも有効であるということがわかってきました。これは何を意味しているかといえば、日本人が宗教に対して取ってきた態度は、それなりに間違っていたわけではないということです。

宗教は、自分たちの思いを叶えてもらうことの他に、「いかに生きるべきか」というもっと大切な問題を扱うので、けっしてないがしろにはできません。しかし、祈りを必ずしも宗教とセットで考えずにきた日本人にとっては、祈りの科学的研究の広がりで、祈りが今まで以上に身近になったことはたしかです。

祈りだけで病気が治る可能性

ところで、昔の人たちは、いったいどんなことを祈ってきたのでしょうか。祈りの効用を考えるうえでは、それを知ることも私たちの参考になります。

科学が未発達の時代、人々は祈るという行為に不思議な力が宿っていることに気がついていました。そしてそれを利用しようとしました。人々が切実に祈りの効果を期待したのは、病気に対してでした。

生きるうえでの大きな悩みは病気です。病気でさえなければ……。しかし、今と違って病気を治す手立ては限られていました。ほとんどの病人はなす術《すべ》なく亡くなる。病気を治す方法はさまざまでしたが、人々から畏怖・尊敬されるような聖人や宗教の聖職者（神官や僧侶）、あるいは不思議な能力を持つシャーマン（巫覡《ふげき》）・呪術師などが、医者の役目を担っていました。

治し方は、呪文や護符といったものから、薬草や鉱物・宝石なども用いられました。そのような医術が体系化されて文献として残っているものが、古代医学です。

古代医学の共通点は、宇宙と人間の間に照応の原理を想定しており、マクロの視点から病気や健康を考えていることです。エジプト医学、ギリシア医学、インド医学（アーユルヴェーダ）、中国医学（鍼灸・漢方）などが知られています。

だが、その後に登場したイエス・キリストの病気治しが「さあ、立ちなさい。あなたは癒されました」とほとんど医療をしていないことに、注目する必要があると思います。

エジプト、ギリシア、インド、中国の古代医学には、近代西洋医学に通じる薬草学や生理学に基づく科学的なアプローチが見られます。ところがイエスの場合は、そういうものが見られません。「信仰によって治る」という立場を崩していません。

現代人の目から見ると、古代医学のほうが「まだ現実的」と思われることでしょう。イエスに触れてもらうだけで難病が治るというのは、科学的思考に慣れてしまった私たちには、とても信じられることではありません。

では、現代の祈りの科学的な研究がどちらを見ているかというと、なんとイエスのほうなのです。といって、キリスト教の教義に踏み込んでいるわけではありません。医学的なことは何もしない、ただひたすら「祈る」だけでどんな効果があるかということが一貫したテーマなのです。

これはちょっと無茶に感じられるかもしれませんが、今まで明らかになったことを見れば、けっして無茶でも無謀でもないことがわかります。祈りは、純粋に祈りそのものだけで病気を治す力を持っている。まだ断言はできませんが、その可能性はかなり高いのです。そのことを示唆する興味深い研究結果を、ラリー・ドッシーが自著『祈る心は、治る力』で取り上げています。

「1970年代、ハーバード大学医学校の心臓血管専門医ハーバート・ベンソン博士は、各種の療法──キリスト教の祈り、超越瞑想（TM）、バイオフィードバック、催眠療法、自律訓練法や進行的リラクゼーション、といった数々のリラクゼーションの方法に、身体がどう反応するかを調べた」

「そして、それらすべてにおいて、人体が共通した反応を見せることを発見し、これを『リラクゼーション反応』と名づけた。その反応とは、心拍数、血圧、呼吸数の低下、すなわち酸素消費量と呼気中の二酸化炭素の減少などである」

これはとても興味深い報告と言えます。なぜなら、本当にリラックスできることをやることは、身体に良い影響をもたらし、病気治癒につながると言っているのと同じことだからです。そして、これはまったく正しいことだったのです。

ここでプロローグで紹介したジャック・マイヨールの超人的な潜水について思い出してみてください。彼が人間業《にんげんわざ》とは思えない素潜りに挑戦し成功した理由は、酸素消費量を極限まで少なくできたからです。

この事実から、ベンソン博士が言う「リラクゼーション反応」が、いかに驚異的な人間の能力を発揮させるかがわかります。心の底からリラックスして、真摯な祈りを捧げれば、私たちもジャック・マイヨールになれる。病気を治すこともできる。奇跡は私たちの手中にあるのです。

昔の人たちは、今とは比べものにならないくらい、恐れや不安を抱いていました。今は照明によって、夜でも明るい生活ができますが、照明がない夜の暗さは想像以上に怖いものです。

今なら子どもも信じないような怖い話、迷信話を、昔の人が本気で心配していたのはそのためです。たとえば、こういう話があります。

白人男性が、ある島に滞在中、島の女性と親しくなりました。しかし、彼は白人女性と結婚しました。恨みに思った現地の女性は、呪術師に頼んで呪い殺そうとしました。このことを知った白人男性は、みるみるやせ衰えていき、医者も手の施しようがなくなりました。死ぬのを待つばかりの状態です。そこで、事情を聞いたキリスト教の牧師が、間に入ってその女性と話をつけた後、そのことを報告したら、安心したのか彼はもとの健康体に回復したということです。

今でも恨んだり妬んだりして、相手の破滅や死を願う人がいます。当事者が知ったらいい気持ちはしませんが、ひとつ困るのは、この種の祈りにもそれなりの結果が現われることです。

こういう祈りにも、私たちは注意を払う必要があります。なぜなら、呪われた当事者は「迷惑だ」としか感じないかもしれませんが、呪う側の身になってみれば、それ相応の理由があることだからです。

こういうことを言うと、「じゃあ、自分の嫌いな人をじゃんじゃん呪ってやろう」などと思う人が、あるいは出てくるかもしれません。でも、それはやめるべきです。相手を呪う思いは、かえって自分のほうに跳ね返ってくるからです。

何度も言うように、祈りの効果はもっともふさわしい答えを導くこと、つまり、いつも「最適解」ですから、いわれのない勝手な個人の恨みを晴らすような行為には「天罰」が下ります。そういうふうに理解する必要があります。

では、先ほどの白人男性の場合はどうでしょうか。たしかに、島の女性を捨てたのは事実ですが、そこにはその女性の逆恨みと言える要素もあります。白人男性が死ぬほど衰弱してしまったのは、逆恨みの念力（祈りに似て非なるもの）の影響が現われたということも考えられます。しかし何よりも、当人自身がその念力の影響を受け容れたことが大きいと言えそうです。

良いことでも悪いことでも、自分が受け容れてしまうと、自己暗示によって、受け容れたとおりのことがしばしば起きてくるのです。大切なのは自分の心を強く持つことです。ちなみに、白人男性を呪った女性と話をつけたという牧師さん、実は女性と会ってなどいませんでした。今にも死にそうな白人男性のために、ウソをついて励ましたのです。

今でも似たような形で、窮地に追い詰められている人がいるかもしれません。そういう人は、「良いことを考えれば良い結果がもたらされ、悪いことを考えれば悪い結果がもたらされる」と覚えておくといいでしょう。

あまりに単純すぎると感じられるかもしれませんが、祈りとは外部に向けられた自分の思いでもありますから、自分が悪くなるように祈って良い結果の出るはずがありません。

恐れや不安は誰もが持つものですが、「恐れとは、恐れに対する恐れでしかない」という言葉があります。私たちが恐れるとき、「勝手に恐れているだけ」のことが多いのです。つまり、悪いほうへ考えるから恐れになる。良いほうに考えれば期待に変わるのです。

知識や情報だけでは、物事の本質はわからない

良い祈りをするためには、できるだけ謙虚に素直に、そして素朴にありのままに物事を捉えることが大切です。

ところが、現代人は、知識や情報を頭の中に蓄えてしまったために、なかなかそううまくはいきません。そこで、いったい私たちが信じている知識や情報、あるいは現実の世界観はどういうものなのかを、次に考えてみましょう。

古代ギリシアの哲学者プラトンは、師ソクラテスの教えとして「洞窟《どうくつ》の比喩《ひゆ》」という話を取り上げています（『国家篇』第7巻）。

それによると、人間は細長い洞窟の中に閉じ込められた囚人のようなものだと言います。洞窟の中に奥を向いた形で閉じ込められ、後ろを振り返ることはできません。洞窟の外では火が燃えていて、囚人と火の間にある城壁に沿ってさまざまな器具や人

形や動物、あらゆる種類の工作物が運ばれています。

そのさまざまな存在物の影が洞窟の壁に映し出され、人間はその影だけを見ているのです。私たちの感覚が捉えている世界や事物、またその感覚的知覚に基づいた知識や情報などは、まさにこの影にほかなりません。

人間はその影こそが唯一の現実だと思っています。たとえ人間が束縛から解放されて、火のほうを仰《あお》ぎ見たとしても、実体はよく見えないため、その影こそが実在だと思うに違いありません。

ましてや、入口の外で光り輝く太陽の下に出たとしても、真実なるものは何ひとつ見えないことでしょう。あまりの眩《まぶし》さゆえに、眼がくらむからです。

また、誰かが外に連れ出されて本当の世界を知るにいたり、ふたたび洞窟に戻って他の囚人にその話をしたとしても、絶対に信じてはもらえません。

ソクラテスはここで、「叡智界《えいちかい》」（知られるものの世界）と「感覚界」（見られるものの世界）との関係を示唆しているのです。本当の実在（イデア）を観照することが、洞窟の外（つまり太陽の下）に出ることにたとえられているわけです。後ろを振り向きさえすれば、本当の世界に気づくのです。

この後ろを振り向くということ、この後ろを見る眼が、先ほどの生命の根源に結び付く祈りの際の「意識の転換」に等しいと思われるのです。

現代はギリシア時代に比べたら、誰もがはるかに物知りであり、しかも知識や情報の洪水に身をさらしていますから、もっと物事の本質がわからなくなっているのかもしれません。怖いのは、わからない人間ほど「わかっている」と思っていることなのです。

この態度は、祈りの働きを実感するのに一番遠いところにあります。

では、どうしたらいいのでしょうか。いくら知識や情報を獲得していっても、けっして本当の物知りにはなれないと自覚することです。むしろ、知れば知るほど、わからないことが増えてくるものです。事実、遺伝子の解明がそうです。

人間は自分たちのゲノムの配列を解明しました。でも、それは生命の暗号の配列(生物の設計図)がわかったというだけで、生命の仕組みそのものがわかったわけではありません。その解明はこれからなのです。

それでは、その解明が進めば、生命の謎はすべて解けるのでしょうか。たぶん無理です。今わからない生命の謎のいくつかは解けるでしょうが、そうなれば、また新たな謎が生まれてきます。

オーストリアの論理学者ゲーデルという人が、「ある事柄が真理と思えたとたん、必ず例外事項が現われてくる」と言っています。これは、完全無欠の真理になど人間は永遠に到達できないということです。

ソクラテスの「洞窟の比喩」では、この点は少し異なっており、完全な実在の世界が洞窟の外には広がっているのだと言っています。

「報われる祈り」「報われない祈り」があるか

いくら知識を蓄えても、特別賢くなるわけではありません。どんなに条件をととのえても、思うとおりに結果が得られるとは限りません。

私たちにできるのは、洪水のように溢れている知識や情報を選《え》り分けながら、自然な直観力を回復することです。

祈りは、まさにその目的に沿うものです。祈ることによって、物事の本質を直観する能力が高まるのです。そうすれば、厳しい生存競争の中でも余計な緊張や力みが消えて、生きることが楽しくなるのです。

ところが、現代人は祈ることが下手になってしまいました。昔の人は知識や情報が少ないこともあって、素朴に心から祈っていたように思います。多くの現代人は「そんなことわかっている」という姿勢で、なかなか祈ろうとしません。

どちらが幸せかと言えば、素朴に謙虚に祈れるほうが幸せでしょう。そのことは、子ども時代の自分を思い出してみればわかるのではないでしょうか。

サンタクロースの秘密を知った後より、知る前のほうが楽しかったはずです。大人になっても、このワクワク感を失わないためには、素朴に謙虚に祈る姿勢をけっして忘れないことです。

人が「かくあれかし」と祈るとき、必ずテーマがあります。そのテーマで一番多いのは、たぶんお金にまつわることでしょう。お金そのものでなくても、商売繁盛を祈るのも目当ては経済的な繁栄ですから、結局同じことになります。

西日本では毎年1月10日を中心に、「十《とお》日《か》戎《えびす》」という祭りが行なわれます。「えべっさん」は、七福神のひとつで、海の彼方から来訪した福の神です。釣《つ》り竿《ざお》と鯛《たい》を持ってにっこり笑っています。えびす顔です。

この祭りでは、枝先に縁起物を飾った福笹や熊手が並びますが、それを売るときの掛け声が、あの「商売繁盛、笹もってこい」です。

近ごろは拝金主義への批判が高まっていますが、お金は生活の糧が姿を変えたものですから、欲しがらない人はいません。だから、お金が入ってくるという縁起ものへは、誰もが関心を示すわけです。

ところで、「お金が欲しい」という祈りは通じるものでしょうか。この答えは特別なものではありません。祈ることに効用があるなら、「お金が欲しい」と祈っても、その効用はあるはずです。「病気を治してください」と祈ってそれが叶えられるのに、お金で叶えられないはずはないと思われるからです。

ただ、ここでも、祈りの真実性・切実さが問題です。はたして、本当に生活に困窮していて、今日一日を生きるためのお金がないのかどうか。あるいは、ごくふつうの生活ができるよう本人が努力したのかどうか。これが、祈り以前に問われるべきことです。

祈って効果が得られる人と効果が得られない人が出た場合、どう解釈すればいいのでしょうか。

正しく祈れば、何度も言うように出る結果は「最適解」ですから、効果が現われた人には「そうなることが必要だった」ということです。

逆に効果が現われなかった人は、少なくとも当面は「その必要がなかった」ということです。こういうふうに解釈すればいいと思います。

ある青年が母親の未払い年金を支払うため、まとまったお金を必要としていました。ところがお金がない。彼はなけなしの2万円を懐《ふところ》に競馬場へ行き、「どうか当たるように」と念じて馬券を買いました。

結果はどうだったか。彼は見事に万馬券を的中させたのです。ただし、彼が得たお金は母親の年金のために必要な金額をほんのわずか上回っただけでした。「ちょっと話がうますぎないか」と思う読者もいることでしょう。

しかし、これは正真正銘の実話です。母子家庭育ちの青年は、母を思う気持ちが非常に強かったと言います。「あのときほど、切実にお金が欲しいと思ったことはなかった」と後に彼は述懐しています。

事実、本当に必要なとき、祈りは天に通じるのです。

「平和裡に解決すること」を祈るべき

幽霊の正体見たり枯れ尾花。わけがわからなくて恐れていたものも、真実を知ってしまえば、少しも怖くありません。誰でも知っている諺ですが、気づかずに同じようなことをしている場合が少なくありません。

以前、エイズが知られはじめたころ、エイズ患者が通っていたという理由だけで、閑古鳥の鳴いた酒場がありました。蚊がうつすというデマを信じる人もいました。今はエイズ患者と一緒に平穏に暮らしている健常者もいます。

知らないと、事実と違うことを迷信のように信じてしまうものです。このような「信じ込み」は、事柄や事実についてばかりではありません。考え方にも同じことが言えます。何かの拍子にそう信じてしまうと、なかなか訂正できなくなるものです。

たとえば結婚しようとする。式の直前に相手が亡くなる。あるいは、思いがけない理由で結婚できなくなる。そんなことが、二度、三度続いたら、怖くて結婚できなくなる人がいても不思議はありません。

実際、そういう女性がアメリカにいました。彼女は三度も同じようなことが起きたので、結婚することを恐れていました。しかし、彼女は結婚できました。ある人から次のようなアドバイスを受けて、考え方を変えたからです。

「あなたの身に起きたことは、神様があなたのために別の計画を立ててくださっていたと考えてはどうですか」

ある女性が夫の浮気に悩まされていました。彼女は相手の女性のところへ行って、決着をつけようとしました。ある人が彼女を止めました。すると彼女は今度はこう言い出しました。

「あの女を呪ってやる！」

その人は、それもやめるように言い、次のようなアドバイスをしたそうです。

「呪うのではなく、彼女を一度だけ祝福し、あとは忘れてしまいなさい」と。

彼女はそのようにしました。すると、思いがけないことが起きました。彼女が何も言わないのに、夫は相手の女性と別れたのです。

これは次のように説明できます。夫の浮気でイライラしている妻が、魅力的であることはまずありません。理由はどうあれ、夫にとって避けたい存在になります。二人の仲がますますこじれるのは、当然のことです。原因をつくった張本人の夫にも、妻を敬遠する後づけの理由ができてしまうからです。

こういうケースはたくさん見られます。だが、妻が平静に戻れば、夫も妻に今一度魅力を感じて不思議はありません。そのとき、妻が平静に戻る儀式として、「相手を祝福する」という心の転換がどうしても必要になります。それなしだと以前と何ら変わらず、心の整理がつきません。

賢明な彼女にはそれができた。相手のために祈ってあげられたのです。これは何を意味するでしょうか。自分が嫉妬に燃える代わりに、他人の幸せを願って調和の波動を投げかけたということです。その結果、どうなったでしょうか。

夫は妻を見直し、浮気相手を敬遠するようになりました。浮気相手の態度がどう変わったかは伝わっていませんが、とにかく夫を取り戻すことができたのです。

人間関係で生じることは、あちらを立てればこちらが立たずで、どうしていいかわからないことが多いものです。そういうとき、下手に「冷静に」とか「理知的に」などと言い出すと、かえって事態を悪化させてしまいます。

それよりも祈ったほうがいいのです。それも自分勝手な願望を祈るのではなく、「平和裡に解決すること」を願ったほうがいいのです。

「解決は大いなる神の業。人間の努力で解決できるものは少ない」とインドの聖人クリシュナムルティは言っています。特に人間関係でこじれたり、複雑になった問題を抱えたときは、「祈る」に限ります。

現代人には直観知が決定的に欠けている

人間の「知」には、ふたとおりあると言われています。直観知と論証知、ごく一般的な言い方をすれば、知恵（叡智）と知識ということです。

現代人に決定的に欠けているのは直観知のほうです。科学的に考えるくせをつけて以来、「科学的に説明できないこと」は信じません。その結果、何が起きたでしょうか。五感を鈍らせたことが大きな問題です。

昔は食べものを見て、匂いをかいで「食べられるか」を判断していました。今は賞味期限、消費期限を頼りに判断しています。賞味期限や消費期限は、業者のアリバイのようなものですから、そんなものに頼ってはいけないのです。

以前、賞味期限切れの食品の氾濫《はんらん》が問題になりましたが、すべて業者が悪いわけではありません。まだ食べられるものの賞味期限を少し先に延ばすのは、絶対に許しがたい不正ということではないはずです。賞味期限はもともと業者が経験から任意に決めるものだからです。科学的根拠はないのです。

それを貼り替えただけで大問題みたいに言うのは、マスコミ、消費者の騒ぎすぎの感がありました。せっかく五感が備わっているのですから、その感度を良くして有効に使ったほうがいいに決まっています。今は知識ばかりを信じすぎています。

その証拠に賞味期限問題は、騒ぐわりに被害はほとんど出ませんでした。むしろ「賞味期限」というお札だけが権威を持って一人歩きするのは、昔の免罪符を想起させ、あまり気持ちのいいものではありません。

免罪符のはじまりは、罪人が罪を償ったことを示す証明書でした。

それが、いつのまにかお金で買える「商品」になり、買えば「過去に犯した罪」から「将来犯すであろう罪」まで許されたわけです。誰が考えてもめちゃくちゃな話ですが、「祈りを込めてあるから効く」と教会の偉い人たちがまじめに勧めるので、みんながそれを信じたのです。

社会の指導層が大きな声で繰り返し唱えれば、世の中全体がそうした雰囲気に包まれてしまうのは、今も昔も変わりません。

昨今の清潔志向も、背景にある科学信仰が祈りの心を遠ざける点で、大きな問題と言えます。名医はみんな「清潔志向はほどほどに」と言っています。

なぜなら、夕焼けが美しく見えるのも、空気中の汚れ（チリ）のおかげですし、私たちの免疫系も、ばい菌がいてくれるおかげで強められています。あまり神経質に取り除こうとすると、かえって逆効果になるのです。

以前はなかったアレルギー性の小児喘息《しょうにぜんそく》や花粉症が先進国で増えているのは、衛生インフラの整備もありますが、行きすぎた清潔志向も一因と言われています。

清潔志向は、人間以外の生命体を敵と見なして近寄らせない発想ですから、それ自体が地球生命との融和・共存路線からはずれています。あまりこだわらないほうが、心身の健康のためにはいいのです。

科学者の世界には「ナイトサイエンス」（夜の科学）という言葉があります。論理的な思考で展開される研究がデイサイエンス（昼の科学）とすると、ナイトサイエンスとは直感、偶然、不思議な体験が大発見や大発明につながることが数多くあることを示す言葉です。客観性と論理的思考の塊のように見える科学者も、実は神秘とか直観などに頼ることが少なくありません。偉大な発明や発見ほど、その傾向が強いと言えます。科学はナイトサイエンスを母胎としていると言っても過言ではありません。たとえば万有引力を発見したニュートンは、錬金術が好きな神秘家でした。アインシュタインも神秘に魅せられていた一人です。物事を変えたり、新しいことをはじめたりするには、客観的な思考とともに、カンとかひらめきを重視する直観知もなくてはならないということです。

人間は細菌の海で暮らしています。適度の清潔を保つのは当たり前ですが、過度の清潔志向は、世の中を顕微鏡で見ながら生きるようなものです。そんなことをしたら、誰だってノイローゼになってしまいます。今は社会全体がちょっと無菌志向のノイローゼ気味なのかもしれません。

こうした状況を修正するには、もっと直観知を働かせる必要があります。直観知は頭の表面（自我意識）よりも、頭の深部や体の全体（無意識）から来ると言える面があるので、五感をもっとみがく必要があるのです。五感が鈍くなると、第六感も働かなくなります。それではますます祈りの実感から遠ざかってしまいます。

自分の内なる声に気づいているか

祈りの効用を得るためには、「聴く」という姿勢もすごく大切です。ここでの聴くという意味は、他人の話を「聞く」のではなく、自分の内から聞こえてくる声に耳を澄ますということです。

過去、そういう事例は数限りなくあります。たとえば、聖母マリアの受胎告知です。処女マリアのもとに大天使ガブリエルがやってきて、救世主を産む役目を果たすようにと神の計画を告げた。マリアは謹《つつし》んでそれを受け容れたという話です。

また、ソクラテスはダイモンという神と人の中間的存在（守護の神霊）と常に会話を交わしていたといいます。古来、人間が五官（目、耳、鼻、舌、皮膚）を超えた何ものかと対話を交わしたという話は、世界中の文献に残されています。

あるいは、発明家とか事業家が、一心に考え続けていたら、自分の内部から「こうしたらいい」という回答が突然得られた、映像や数式がクリアに浮かんだ……。

この種の話は現代でもよく聞かれます。これは、いったい自分が考えたことなのでしょうか。それとも自分以外の誰かのメッセージなのでしょうか。

その境目ははっきりしませんが、ひとつ言えることは、祈りの心を持っている人には、そういう形でメッセージが与えられることが多いということです。

生命の根源に結び付く祈りは、このような内なる声を聴くという効用を得るには一番良い方法なのですが、現代人はこのメッセージを受け取るチャンスが減っています。内なる声に耳を傾けるという心の余裕を失っているのです。

ひとつには生活が忙しいことがあります。携帯電話の普及も影響しているに違いありません。一人でじっくりものを考えるという時間が極端に少なくなりました。これでは何ものかがメッセージを送ったとしても、それに気づきようがありません。

夢の中のお告げなどと言うと、たいていの人が笑うでしょうが、そういう体験でチャンスをつかんだ例は少なくありません。蛍光灯の光は昼間見たら、輝いているかどうかわかりません。昼行灯《ひるあんどん》は昼間に灯《とも》っている行灯のことですが、ほとんど役に立ちません。

私たちは祈らなくなったことで、昼行灯になっているのではないでしょうか。真昼の太陽の光と比べれば、それは自分の周りをボーッと照らしているだけです。むしろ周囲をボーッと照らす光のおかげで、かえって視野が狭まって、遠く離れた親族や友人などから、いろいろなメッセージが送られていても、それを受け止められないでいるのかもしれません。

そういうメッセージの中身は、携帯電話で話せるようなものではありません。親子の会話でも、おたがい口に出せない思いというものがあります。祈りの心があれば、おたがいがそういう気持ちを、言葉に出さなくてもキャッチできるのではないでしょうか。それを受信するには、祈る心を持つことです。祈る心を持てば、相手の祈る心と呼応して、何かを感じるはずです。無意識の心で感じたものが意識に変換されるときには身体の働きとつながりますから、遺伝子も当然関係してきます。

遺伝子には、太古からの人類の祈りが刻み込まれていると思われます。すべての人間が大昔から祈ってきた理由は、このへんにあるのかもしれません。

不思議な数の一致

数字で縁起を担ぐことがよくあります。「四」が「死」につながるからと、部屋につける番号からはずすこともあります。あるいは物を手に入れるとき、三つか五つにして四を避けるとか、結婚式のご祝儀を偶数の金額（2万円、4万円など）にすると「別れる」からまずいとか、逆に「八」は末広がりで縁起がいいとか、いろいろあります。

アメリカ大統領ケネディとリンカーンの奇妙な暗合も有名です。ともに暗殺で死んだこと、ケネディの秘書にリンカーン、リンカーンの秘書にケネディという人物がいたこと、大統領に就任したのがケネディ1960年、リンカーン1860年だったことなどです。特に数字の暗合は、神秘的な印象を与えます。

聖書にも数字がよく出てきます。7日、7つの週、7つの時、十二使徒、三位一体など……。聖書に限らず、この世の中では、数字が何か神秘的な意味を暗示していると受け止められることが少なくありません。

ここである不思議な数の符合を紹介してみましょう。星占いで登場する星座は全部で12あります。黄道十二宮《こうどうじゅうにきゅう》と呼ばれているのが、それです。

春分の日に東から昇る太陽にもっとも近い星座が次の星座に移り変わるのに、２１６０年かかります。12の星座全部が1周するには、２１６０×12で2万５９２０年かかるわけですが、これがプラトン年とかグレートイヤーと呼ばれているものです。

この天体のリズムが人間のリズムと不思議な一致をしているのです。人間が1日に行なう呼吸数を、1分間約18回で計算すると、18×60×24＝2万５９２０回になり、プラトン年とぴったり合うのです。黄道十二宮が1周する年数と人間の1日の呼吸数が同じ数だということは、何を意味しているのでしょうか。

よく指摘されるマクロコスモス（大宇宙）とミクロコスモス（小宇宙）との照応の原理から考えると、偶然の一致と片づけられない気がしてきます。これはけっして根拠のないことではありません。

奇《く》しくも一致した黄道十二宮1周の年数と、人間の1日の呼吸数の数字2万５９２

0は、12で割ると2160になります。それはマクロコスモスにおいてひとつの星座が影響を及ぼす期間（年数）と、ミクロコスモスとしての人間の2時間（その呼吸数）との照応を意味しています。

日常生活で2時間という時間は、何か一仕事できる時間単位です。仕事や勉強の時間も、休憩をも含めて2時間というのが、宇宙と人間のバイオリズムや身体感覚にぴたっと合った時間設定なのかもしれません。

星占いを単なる占いと見るか、それともこれを見出した人たちが宇宙のどこからか啓示のようなものを受けていたのか。そういう角度から研究してみるのも興味深いことでしょう。

第三章

なぜ、人にとって祈りが不可欠なのか

「いのり」は生命の宣言

この章では、祈りを取り巻く現状について見ていきたいと思います。

祈りは人間の自然本性に由来する行為や状態ですから、本当は祈らない人は一人もいません。人はそれぞれのやり方で、何かしら祈りをしているものです。

親が子を思い、子が親を思うのも、祈りに似た自然の感情です。仕事や学業が順調に運ぶように努力するのも、一生懸命に何かに打ち込むのも、自分の人生の目的を達成しようと願うのも、その根底にあるのは祈りと言っていいでしょう。

私たち日本人は毎年、正月になると初詣《はつもうで》に参ります。年年歳歳、年が改まって新年を迎えるたびに、気持ちも新たに神様に家内安全・商売繁盛・学業成就などを祈ります。また、スポーツの応援で手を合わせて「どうか勝てますように」と祈ります。あるいは、買った宝くじを神棚に上げて祈願することもあるでしょう。こんなふうに、祈る行為を具体的な形として表わしています。

宗教を信じている人は、その宗教の祈り方に則《のっと》って祈っていることでしょう。どんな形であれ、みんな祈っているのです。ただ、昔と比べて同じとは言えません。祈りに対する態度が大きく変わってきているからです。

どう変わったかと言えば、祈りながらも、「祈りの実現」に対して心のどこかで疑問に思っていることです。たとえば、親しい人が病気になったとします。「あなたの病気の全快を祈っている」という言葉を誰もが口にし、また、そう思っているはずです。しかし、その一方で「自分が祈ったからといって、その効果が現われる」と考える人はあまりいません。否定はしないが、さして信じてもいないのが、現代人の祈りの特徴と言っていいでしょう。

祈りには奇跡を呼ぶほどの力があります。そのことは、これまで紹介してきた病気の治癒例などからも理解していただけるはずですが、それでも自分の身にも同じようなことが起きるとは思わない人が多いと思います。

祈らないよりも祈ったほうが少しはましだろう……。今は祈りが全体的に軽く見られているのです。「祈っても、そのとおりにはならない」とか「でも、その程度のものなのだから」……。大部分の人は、こんな気持ちのはずです。

祈りが効果を示さないように見えるのは、この考え方にあるのです。そういうふうに考えるから、叶うような祈りができないのです。祈りが「すごいものだ」と実感するためには、祈りとは何かを正しく理解する必要があります。

日本語の「いのり」という言葉の語源は、「生宣《いの》り」だと解釈されています。「い」は生命力（霊威ある力）、「のり」は祝詞《のりと》や詔《みことのり》の「のり」と同じで、宣言を意味しています。ですから、「いのり」は「生命の宣言」なのです。語源だけ考えると、日本語の「いのり」と欧米語の「祈り」（prayer, Gebetなど）とでは大きく異なり、欧米語の多くは「願う・頼む」という意味を中心に持っています。

人生にはいろいろな悩みや難問が待ち受けていますが、「自分はめげずにがんばって生きるぞ」と宣言する、それが祈り（生宣り）です。そう「生命の宣言」をすると、遺伝子が活性化して、いきいき生きられるようになるはずです。

祈りの科学的理解には限界がある

こんな言い方をすると、「まだ遺伝子に祈りがどういう影響を与えるかはよくわかっていないはずだ」という意見が出てくると思います。科学に全幅の信頼を寄せている人は特にそうです。

「科学的にきちんと説明してほしい」、こう言うに違いありません。

しかし、この言い方は一知半解《いっちはんかい》な人間に特有の不遜《ふそん》さが感じられます。「そんなことあるはずがない」と言うとき、その判断の根拠になっている自分の科学的常識の危うさには気づいていないのです。

祈りの研究に従事している研究者で、「祈りのすべてが科学的に証明できる」などと思っている人はほとんどいません。誰一人いない、と断言してもいいかもしれません。まじめに科学と取り組めば、これは当然なことです。

科学というのは、知れば知るほど新しい疑問が湧いてくるので、「ここで終わり」

ということはありえません。科学が見出した真理（確実な知識）は、いつも「今はこうだ」という暫定的で相対的なものであり、よりいっそう包括的で首尾一貫した説明原理を絶えず求めているからです。これはどんな科学でも同じことです。

祈りの科学も、おそらく万人が納得できるような説明ができるわけではないでしょう。なぜならば、「科学によって祈りを証明する」ことは、「科学によって神を証明する」ことに等しいほど困難な研究課題であるからです。

「祈りの科学的理解には限界がある」（ラリー・ドッシー）ということは、しっかり肝《きも》に銘《めい》じておいたほうがいいと思います。

遺伝子の研究も同じことです。いろいろなことがわかってきても、いまだに大腸菌ひとつさえ創り出せないでいます。この先、どんなに研究が進んでも、生命そのものを創り出すことはたぶん無理ではないでしょうか。また、そんな必要もありません。

それよりも大切なことは、科学が明らかにした事柄や知識を、人間のために活用していくことです。科学はすべてを明らかにすることはできなくても、研究成果を人類のために役立てることができるし、今までも人類はそうしてきました。現代人の生活を支えている電気でさえ、まだわからないことだらけだと言います。それでも、これほど役に立つものはありません。

祈りの効果を引き出す大前提

今、科学は、祈りの効用を科学的観点から少しずつ明らかにしはじめました。まだはじまったばかりですが、それでも、想像以上の効用がありそうだということが解明されつつあります。

1970年代以降、そういう事実が明らかにされはじめたことは、現代人が以前よりも祈りを軽く見ることになってしまったことに対する、サムシング・グレートからの注意喚起のメッセージかもしれません。今、何より大切なことは、祈りというものに改めて注意を向けることであり、祈り本来の働きを身をもって実感することだと思います。

そうは言うものの、祈りの驚くべき効用について、正しく理解している人も世の中には少なからずいます。

その効果を知って、真剣に祈りを活用している人たちもいます。たとえば、実業界やスポーツ界で見事な活躍をしている人たちの中に、そのような「祈る人」がいて、その他大勢の「砂の中の銀河」のように光り輝いています。

アテネ五輪の女子マラソンで金メダルを獲得した野口みずき選手が、その一例です。北京五輪代表をかけた東京国際女子マラソンに出場した彼女は、30キロ前の登り坂地点からスパートをかけて、ぶっちぎりの優勝を果たしました。

その後のインタビューで、「あの地点からスパートをかけたのは作戦だったのか」と聞かれて、「なぜかわからない。あそこで何かが降りてきて『ここだよ』と言われた感じだったので……」と答えていました。

プロの棋士も、次の手をあれこれ思案して迷路に入り、窮地に追い詰められたとき、突然天から与えられたように妙手が浮かぶことがあると言います。ひらめきやカンというのはそういうもので、自我意識の計《はか》らいを超えています。

目標や計画を持って、その実現のために精進している人は、しばしばこうした一種神がかりの体験を語ります。これは彼らが、目標の達成のために懸命に努力しているからでしょう。野口選手は常々、「走った距離は裏切らない」と口にしていました。

人がある目標のために必死の努力を重ねることは、祈りなくして持続できるものではありません。はっきり自覚していなくても、祈りの効用を全身全霊で感じ取っているに違いありません。

スポーツ選手も芸能人も、研究者でも実業家でも、何かで大きな成功を収めたような人は、自分なりの祈りのスタイルを持っているものです。そういう人たちのやり方は、一般に「成功物語」として世の中に紹介されることが多く、「祈り」の観点から見られることは、まずありません。

「祈ったから成功した」では聞かされるほうも、「あんまり」な気がするからでしょう。だが、それだけの理由で祈りを軽視したり無視したりするのは、もったいないことです。なぜなら、祈りが「末期ガンを消す」のと似たようなことは、けっして珍しくはないからです。

アメリカでの話です。ある女性が遺産相続で悩んでいました。夫の全財産を遺贈されたその女性は、亡き夫の以前の結婚で生まれた息子や娘たちと泥沼の遺産争いを続けていたのです。

ことの成り行きにウンザリした彼女は、早く決着をつけようと、ひとつの祈りの文句を考えました。それは「この件はもう終わった」という言葉でした。彼女はくつろいだ気分で、毎晩寝る前にこの言葉を繰り返す行為を10日間続けました。11日目の朝、彼女の弁護士から電話が入りました。それは相手側の弁護士からの伝言で、「依頼人は示談を望んでいる」という内容だったのです。

臓器移植以外に助かる術《すべ》がない子どもがいても、外国で手術を受けると数千万円の費用がかかるので、ふつうの人にはとてもできません。でも、そういう話がマスコミで紹介されたりすると、多額の寄付が集まることがよくあります。これなど、当事者にとっては奇跡のような出来事でしょう。

そういう事例はけっして少なくはありません。ただ、同じ境遇に置かれていても、そういうことが起きる人と起きない人がいます。この差はどうして生まれるのでしょうか。実際に調べてみないことにはわかりませんが、おそらく、そこには祈りに対する取り組みの姿勢が大きく関係しているはずです。

では、そのような幸運に恵まれるには、どうしたらいいのでしょうか。野口みずき選手を例に見てみましょう。彼女は150センチと小柄だし、陸上競技をはじめても、初めは良い成績が挙げられなかった。インターハイでも予選落ちだったそうです。

しかし、走るのが大好きだった彼女は、真剣に強くなりたいと願ったといいます。同時にあらゆる方法を通じて、そうなる努力を重ねました。それでもまだ無名選手ですから、五輪出場など夢にも思いませんでした。

あるとき、シドニー五輪で高橋尚子選手が優勝する姿をテレビで見て、「自分も同じ感動を味わってみたい」と強く願ったといいます。つまり、好きであること、努力をすること、明確な目標を持つこと、この三つの条件をととのえることが、祈りの効用を引き出す大前提だということです。

こう言うと、必ず誤解する人がいるものです。自分は強く望んだし、血の出る努力もした。目標も持っていた。にもかかわらず目標達成は叶わなかった。いったい、どうしてか。こういう疑問がよく出されます。

この疑問は、実は疑問になっていないのです。なぜなら、大きく欠落したものがあるからです。それは「祈り」です。三つの条件がととのったのち、どれだけ真剣にその実現を祈ったのでしょうか。そのことが現代ではほとんど語られていません。こんなところにも、祈りを軽く見る傾向が端的に現われています。

野口選手が実際に、どんなふうに祈っていたのか、それはわかりません。ただ、彼女の父親の「みずきのメダルは、兄弟みんなのメダルだ」という言葉から推測できるのは、家族、兄弟みんなが彼女を応援していたことです。家族がそうなら周辺の人間もきっと同じはずで、その応援にはみんなの祈りが込められていたことでしょう。

第一章でヒーリング集会を開いてもらった青年の話をしましたが、周辺の誰もが一人のために心から祈ってくれることは、奇跡的な力を発揮させるのです。野口選手の場合も、そういう力が働いていたと考えられます。

「いきいきと生きる」ことの条件

このように現代でも、祈りの効用をよく理解して活用している人はいます。しかし、問題がないわけではありません。祈りについて考え違いをしている場合もあるからです。もちろん、見解の差ということもありえますが、ごく常識的に考えて、あまりお勧めできない祈りというのも確かにあるのです。

人は自由に祈りの内容を決めることができます。自分の願いに心を込めて念ずれば、それは祈りとなります。少なくとも、それを「祈り」と呼んでいる人たちは大勢います。だから、一見すると祈りに似たものまでもが、つまり呪いや念力やまじないの類《たぐい》までもが祈りと呼ばれることもあるのですが、それは祈りとはっきり区別しておいたほうがいいでしょう。

しかし、そのような「祈りまがいのもの」にも何らかの影響力があることは否定できません。ある考えを強く念ずれば、それはたぶん現実化するでしょう。なかでも、

「自分さえ良ければいい」という思いが、現代人の心を支配しているのは、残念ながら認めねばなりません。

その端的な現われが経済最優先の発想、金儲け主義です。今の社会にはこの種の願望や欲望が渦巻いていて、利益追求を目指すビジネスの世界だけでなく、社会の隅々にまで及んでいます。

以前、偽装問題が世をにぎわせたことがありました。人間の業《ごう》の根深さに触れたようで、何だか悲しくなりました。耐震偽装、食品偽装、不当表示……次から次へと偽装や虚偽が暴かれてきました。隠れていたウミが切開されて表に出たと思って、気持ちを切り換えるのが賢明でしょう。こうした偽装問題の背景に、貪欲《どんよく》なまでの利益至上主義があることは、もはや疑いようがありません。

医療界もその例に漏れません。病院経営の観点からすれば、利益を出さないことには話になりません。そのためには検査・検診を増やし、患者にできるだけ医薬を処方するのも、やむをえないというわけです。この傾向に対して警鐘を鳴らす医療従事者もいますが、その声も全体の大勢に影響を与えるほどではないようです。

今は人々の求めるものが、自分たちの経済的な利益に偏りすぎてきているように見えます。金儲けが悪いとは言いません。しかし、他人を押しのけてまで利潤を追求することの意味は、いったいどこにあるのでしょうか。何かきわめて大切なものが抜け落ちてしまっているという印象を受けます。生きるうえで中心になるべきもの、あるいは土台となるべきものを見失ったまま暴走している、そういう殺風景な心の世界が広がっているようです。

昔から人々は、たしかに自己の利益や繁栄のために祈ってきました。その祈りは、正確には祈りに似ている願望であり、「祈りまがいのもの」でしかないのですが、日本の現状は、そのような利己的な願望が蔓延《まんえん》しています。

しかし、本当はそこまで利己的にならなくてもいいはずなのです。なぜなら、一国の構成員が飢えることなく暮らしていける社会など、過去の人類の歴史でほとんど初めてのケースと言っていいからです。これほど恵まれた社会は、21世紀の現在でも世界に数えるほどしかありません。

これ以上望むのは「足るを知る」ということがわからないためです。

このように、現代の日本社会に見られる精神状況については、利己的な願望が渦巻いているのです。それは人々が祈りとも呼んでいる「祈りまがいのもの」であって、祈りとは似て非なるものに違いありません。

祈りが人間の自然本性に由来する行為や状態だとすれば、祈ることは生きることのひとつの断面でもあります。「祈る」とは「生きる」ことであり、しかも「いきいきと生きる」ことなのです。そのような祈りは、心が赴《おもむ》くままに自由自在に行なわれるものですから、そこに何か特別な制約が加わるわけではありません。

ただ、それでも私たちの経験からわかることは、やはり欲張りはだめだということです。昔話に出てくる欲張りじいさんやばあさんは、一時は良くても必ずしっぺ返しを食っています。現在の私たちの生き方も、そういう事態にならない保証はどこにもないのです。

日本における動物行動学の第一人者であり、進化生物学者の長谷川眞理子《はせがわまりこ》氏は次のように述べています。

「コンピューターでシミュレーションすると、何か得たら相手にもお返ししてという集団は双方がプラスになって、どんどん繁栄して一番後まで残るんです。他者をだましたり、裏切って食いものにして自分の利益をどんどん増やしていくものは、一時は栄えますが、そのうち、そういうもの同士でだまし合って自滅していきます」（「産経新聞」２００６年7月14日「２００６年我が身を滅ぼす利己主義」）

現在よりも一段高いところへ……と望むのは悪いことではありませんが、どこかで「足るを知る」ということが大切です。それに気づくには、世界に目を向ければいい。今、日本の食べ残しは世界一で年間２０００万トン、金額にして11兆円になります。２０００万トンと聞いてもピンとこないでしょうが、発展途上国の人間約１億人が1年間食べていけるだけの分量です。世界には毎日十分に食べられない人が9億人以上います。日本人がこれ以上のものを望むなら、少なくとも食べ残しの問題を解決してからにする必要があるのではないでしょうか。

感謝できない人は祈ることもできない

それから感謝を忘れていることも、現代人に共通する大きな問題点のひとつでしょう。どんな宗教にも感謝の祈りがあります。いかなる神様や仏様を奉《ほう》じていようとも、必ず感謝が出てきます。感謝することが祈ることと言ってもいいほど、宗教では繰り返し神や仏への感謝を説いています。

ところが、欲しいものが手に入っても感謝するどころか、「あれも足りない」「これもまだ不足している」と不平不満を並べる人が少なくありません。インドに次のような話があります。

やることなすこと順調で、儲かってしかたがない実業家が、悩みを抱えてお坊さんのところに相談に来ました。その悩みというのが「いくら儲けても、まだ欲しい。どうすれば満足できるか」というものでした。

お坊さんは答えました。

「全部なくしてしまえばいいのだ。全財産をガンジス川に捨ててしまいなさい」

実業家は尋ねました。

「捨ててしまうくらいなら、どこかに寄付したほうがいいのではないですか」

「あげるという気持ちがあるうちはまだ欲のある証拠。すべてを捨てるのでなければ、永遠に満足することはできない」

日本の仏教では、一遍上人《いっぺんしょうにん》という人も同じようなことを言っています。「念仏において心がけることは何か」と聞かれて、「捨てることだ」と答えています。

私たちは、地位や身分、お金や家財道具などいろいろなものを持っており、しかもそれに執着しています。所有しているもので「がんじがらめ」になっています。心が自由になるためには、何も所有しないこと、つまり無一物が一番です。

「念仏とは捨てること」だというのは、欲望にまみれた身も心も念仏の中に投げ入れるということです。そのように何もかも念仏の中に捨ててしまえば、後はただ、すべてを感謝の念で有り難くいただくだけです。それが「足るを知る」に通じます。

つまり、感謝の心が湧いてくれれば、足るを知る。足るを知れば、感謝の心が湧いてくる。今の状況は足ることを知らないから、感謝の気持ちが薄いのです。日本人は儲かってしかたのないインドの実業家の身分になってしまっているのです。この世界にいる限り、どこまで行ってもキリがなく、いつまでも満足できずに生きていくほかありません。

もっとお金が欲しい、もっと能力が欲しい、もっと良い家が欲しい。私利私欲や現世利益のための祈りもあるでしょうが、感謝が欠けると、その祈りの効果もあまり期待できません。

感謝するとは、現状を受け止め直すこと、いただき直すことです。そのいただき直すという姿勢こそが、生活のブレを修正してくれるのです。だから、感謝のある祈りでは、祈りの効用を最大限に発揮できるのです。

現代はモノが豊富な時代ですから、たくさんのモノを前にしたら、「欲しい」という気持ちになるのはしかたありません。しかし、モノという外見に目を奪われると、それに心も奪われてしまい、物事の本質とか人間の内面にまで目を向けることが難しくなってきます。だから、感謝の気持ちも湧いてきません。

たとえば、病気になって病院へ行くとします。治してもらったら、感謝するのが当然ですが、感謝の気持ちはあまり抱きません。治って当然と思う人が少なくないのです。病気になっても、医者へ行けない人が多かった昔のほうが、医者への感謝の気持ちは強かったと思います。豊かになって、誰もが病院へ行けると、もうそれが当たり前になります。当たり前のことに、人は感謝しなくなるのです。

感謝の心が大切なもうひとつの理由は、祈りの効用をより確実なものにすることができるからです。感謝する心は、その人の生活のブレを修正してくれるだけではなく、周囲の人たちにも心地よい波動を伝播《でんぱ》させます。

感謝の波動は、その波動を広げながら、また同じ感謝の波動に共鳴して呼び込むために、ますます祈りは強力なものとなります。だから、感謝できる人間は、おのずと自分も周囲も調和の状態を保つことができるようになっています。そういう人に幸福の女神が微笑まないはずがありません。

祈る心を取り戻したければ、まず感謝してみることです。感謝というのは意外に難しいと思うかもしれません。感謝する材料がないと、感謝する気持ちになれないからです。感謝で躓《つまず》くのはいつもここです。

では、どうしたらいいか。一日の終わりに、その日にあった出来事で感謝できる材料がいくつあったか、10項目ほどノートに書き出してみることです。

やってみるとわかりますが、とても10項目も書き出せません。それでも無理やり書き出すのです。ノートに書くのが面倒な人は、心の中で数え上げてください。

そういう努力を続けていると、その日一日無事に過ごせたこと、悪いことが起きなかったこと、自分が健康でいられること、家族が健康でいられること、三度三度ご飯が食べられることなど、今までは当たり前と思っていたことにも感謝できるようになるものです。

ユダヤの格言に次のようなものがあります。

「右の腕を骨折したら、左腕が無事だったことを感謝しなさい。両腕を折ってしまったら、足が無事なことを感謝しなさい。両腕も両足も折ってしまったら、首を折らなかったことを感謝しなさい」

感謝する材料がないという人は、材料がないのではなく、感謝の本当の意味を知らないのです。感謝できる事柄に感謝するのは、何の努力もいらないことです。

しかし、嫌な出来事にあうとなると、もう事情は一変してしまいます。たとえば、病気になれば、うっとうしい気持ちにこそなれ、感謝などする気には、とうていなれません。しかし、病気になったとき、「ああ、これは少し休めという合図だな」というふうにプラス思考で捉えて感謝したほうが、病気の回復はよほど早いのです。

詩画集『はい、わかりました。』や手記『よし、かかってこい！』（ともにサンマーク出版）の著者・大野勝彦《おおのかつひこ》氏は、働き盛りの45歳のとき、事故で両手を切断され、失意のどん底に突き落とされました。しかし、入院3日目から筆を患部にくくりつけて詩を書きはじめます。

そして半年後には、初めて個展を開催し、さらに現在まで3000回あまりの講演を行なってきました。その生きる姿勢と詩画に共鳴する人の輪が全国に広がっています。彼の詩『プレゼント』の中に、

「神さま誕生日のプレゼントに一日だけ両手を返してくれませんか、この事故で心配をかけた人、つらい思いをさせた人の手を、心をこめて握りたいのです。そのぬくも

りを大切に心の中にしまいたいのです」

という一節があります。彼は、大事故という逆境をきっかけに、人間としての素晴らしい成長を遂げたのです。

ですから、宗教では「病になったとき、恨み言は言わないで恵みとして受け止めよ」と教えています。感謝のできない人は、祈り（生命の宣言）もできないのです。

科学万能が祈るきっかけを失わせた

科学に対する絶大な信頼も、現代人を素朴な祈りから遠ざけている理由のひとつと言えます。科学は一定の条件の下で再現しうる現象に関する知識に基づくものですが、そこには自然科学という歴史的社会的な制約を持つ特定のイデオロギー（観念形態）に対する信頼があります。

それはほとんど「科学教」と言ってもいいくらいで、近代以降は大勢の信奉者を抱えて一大勢力を形成しています。

自然科学が長足の進歩を遂げているのは、まぎれもない事実です。2007年11月に、日本が打ち上げた月探査衛星「かぐや」が月の裏側の美しい映像を送ってきて、人々を感動させました。

遺伝子工学の技術も非常に進歩しています。先に紹介した京都大学の研究チームの万能細胞（iPS細胞）を作り出す技術は、近い将来の再生・移植医療に多大な貢献をするはずです。もしかすると、医療の世界を劇的に変えるかもしれません。

エネルギー技術の進歩も驚異的です。トウモロコシからガソリン代替燃料を作るようになりましたが、こんなのは序の口です。まもなく石油エネルギーから水素エネルギーの時代になっていくでしょう。そうなれば、二酸化炭素の問題も一挙に解決の方向に進みます。

ミクロの世界を扱うナノテクノロジーの発展も、目覚ましいものがあります。顕微鏡で見なければわからないほど微小な世界で、モノを作る技術もすでに実用化段階に入りました。小さなロボットを作って、身体の中に入れることで病気を治療することも理論上は可能なことです。

このように科学は目覚ましい進歩を遂げていますが、それは完成した技術が一方通行で紹介されるからで、科学に対する私たちの希望を述べたら、まだ実現されていないことや、たぶん永遠に無理だと思えることがたくさん出てくるはずです。

科学が明らかにしたことは、宇宙全体の仕組みからすれば、ほんのわずかな部分でしかありません。感覚的知覚に依存した知識や情報は、現象世界のごく一端をのぞき見たにすぎません。

たとえば、可視光線の波長は、0・38〜0・78マイクロメートル（1マイクロメートルは、1000分の1ミリ）の範囲でしかありません。私たちは見えている世界こそ現実世界だと思っていますが、それは現象世界のほんの一部でしかなく、その大部分は五官ではキャッチされずに隠れているのです。

話をしていて「この人は物知りだな」と感心させられる人がときどきいます。黙って聞いていると、「知らないことはないんじゃないか」と思うほど何でもよく知っています。でも気をつけていると、ある単純な事実が見えてきます。

それは何かというと、「知っていること」だけをしゃべっている」ということです。

誰だって知っていることだけ出たら、試験で満点が取れるはずです。物知りというのは、ほとんどそれに近いのです。

物知りにおしゃべりが多いのは、そのためです。おしゃべりで博学の人がいたら、黙って聞いていないで、どんどん質問してみればいい。そうすれば、意外に知らないことが浮き彫りになってきます。今の自然科学は、これとよく似ています。わかったことだけ発表しているのですから、「すごい」と思うのも当然なのです。

ところで、科学に全幅の信頼を寄せることが、なぜ祈りを遠ざけることになったかといえば、祈るきっかけを失わせたからです。

どうして祈るきっかけを失わせたかといえば、科学が何でも明らかにしてくれるだろうと期待するだけで、あいまいなことや、よくわからないことについて、それ以上自分で深く考えなくなってしまったからです。

科学者の中にも、「これからさらに科学が進歩すれば、すべての謎は解ける」と思っている人もいました。しかし、遺伝子の研究をしていて、生命のあまりに精妙な設計に、とても偶然の結果書き込まれたものとは思えないと感じる人が出てきました。

そういう科学者たちは、人間を超える何か偉大な存在、つまりサムシング・グレートの存在を意識しないではいられなくなりました。生命科学の先端に立った科学者ほど、同じような気持ちを感じるようになってきているのです。

遺伝子の本体であるＤＮＡ（デオキシリボ核酸）が発見されたのは、１８６０年代後半です。

その後はほとんど注目されず、１９５３年にワトソンとクリックがＤＮＡの二重螺《ら》旋《せん》構造とその仕組みを解明したのです。約２００万種以上と言われるすべての生物の設計図が、わずか4種の塩基（Ａ・Ｔ・Ｃ・Ｇ）で書かれています。

ヒトのゲノム（全遺伝情報）の重さは１グラムの２０００億分の１、その幅は１ミリメートルの50万分の１で、この極微小のゲノムに32億ものＡ・Ｔ・Ｃ・Ｇが書き込まれており、それが人体には約60兆存在します。

「いったい誰が、こんな微小なテープ（ゲノム）の上に32億もの情報を書き込んだのだろうか。これは、生命の材料を作る指示を出すきわめて整然たる情報なのであって、偶然の結果書き込まれたとは、とうてい考えられない。人間を超える巨《おお》いなる存在がなければ、遺伝子情報そのものが存在するはずがない、と考えたほうが、それこそ自然である」

と感嘆せざるをえないのです。

人知を超えた大きな力を感じるとき

生命科学者ばかりではありません。世界の優れた科学者の中には、深遠な哲学や世界観を持ち、人間の知性を超えた巨いなる存在の前に謙虚な姿勢で臨もうとしている人たちが少なくはありません。

今から4、5000年前の古代文明の時代には、宗教と科学は渾然一体《こんぜんいったい》となっていましたが、次第に分離しはじめ、西欧で400年前に起きた科学革命以来、両者の分裂は決定的になりました。

そこで、宗教の真理と科学の真理は、いわば二重真理の形で棲み分けが行なわれてきたわけです。一方の宗教は心や魂の事柄を扱い、もう一方の科学は物質や生命の物理化学的な現象を扱うという形です。ところが現在、科学と宗教がふたたび接近しはじめているのです。

しかし、これは当然のことかもしれません。考えてみれば、科学と宗教は出発点では同じ「驚嘆」からはじまったからです。大自然の精妙な営みと生物の不思議さに気づき、その背後に人知を超えた大きな力や法則を感じ取ったとき、宗教と科学は誕生したと考えられています。

宇宙や自然の大きな力を崇《あが》め、その営みの恩恵を受けたいと願って祈りはじめたとき、生命の根源との結び付きを儀礼や神話を通して確認する宗教が発生し、また宇宙や自然の大きな力の法則を理性と知性で探ろうとしたとき、科学が誕生したと考えられます。もともと同じところに起源があるのです。

だから、敬虔《けいけん》な信仰者が、同時に偉大な科学者である例は少なくなかったわけです。コペルニクスは教会では律修司祭（カノン僧）でしたし、ガリレオは敬虔なカトリック教徒でした。あのニュートンも晩年は聖書研究と錬金術に没頭したと言います。

個人の人格の中で知識がふたつに分断されたのは、たぶん18世紀になってからです。この認識の激変を「聖俗革命」と呼んでいる科学史家もいます。科学が技術と結び付いて文明を支えるようになると、宗教は科学に相反するものとして、社会の中での公的な権威を次第に失っていきました。そのような社会が何をもたらしたかは、現代の日本社会を見れば一目瞭然でしょう。

科学が何でも解決してくれるという科学への信頼と期待の結果、人々はあまり祈らなくなってしまったのです。祈りを失ったことの背後には、直観の喪失があります。

これは従来認められていた2種類の知、つまり直観知と論証知に対する認識が見失われたということです。つまり、ただ論証知のみを評価するというふうに、知の範囲が大幅に限定されたわけです。直観能力を失ったために、宇宙や人間に対する私たちの見方が、いわば視野《しや》狭窄《きょうさく》に陥ってしまったのです。それが祈りの軽視を招いたのです。

20世紀の最大の科学者と言われるアインシュタインは次のように述べています。

①私は神がどういう原理に基づいてこの世界を創造したのか知りたい。その他は小

さいことだ。

優れた科学的業績の基礎には、世界が合理的、あるいは少なくとも理解可能であるという宗教的感情にも似た信念がある。この信念が私の神の概念である（『アインシュタインの世界』フランソワーズ・バリバール・著、南条郁子・訳／創元社）。

②人生でもっとも美しくて深遠な経験は、神秘を感じることです。これは、芸術や科学の分野での真摯な努力と同じく、宗教の根底に潜む原理です。この経験をしたことのない者は、私にとっては死んでいるように映ります。経験の裏には、頭では理解できないけれども、その美しさや崇高さが、直接的にではなくてもかすかに心に響いてくる何かがあると感じることがあります。これが信心です。この意味で、私は信心深い人間です。こうした神秘に驚き、その高邁《こうまい》な神秘のイメージを心に描こうとささやかな努力を重ねる。私は、それだけで満足するのです（『素顔のアインシュタイン』マイケル・ホワイト、ジョン・グリビン・著、仙名紀・訳／新潮社）。

アインシュタインとまではいかなくとも、論証知だけを重視する姿勢は改めたいものです。「心に響いてくる何か」を「直観」してください。本当の「知」とは包括的なものなのです。

五感の力を失っていないか

もうひとつ、私たちが祈りから遠ざかった理由に、身体を使わなくなったことが挙げられます。戦後に登場した家庭電化製品は、人々の暮らしを便利にしましたが、同時に自分の身体を使うことが、とても少なくなってしまいました。

今では身体を動かすには、わざわざ運動をしなければなりません。昔だったら主婦は家事をやれば、運動不足になどなりませんでした。男性は外へ働きに行けば、仕事や作業そのものが身体のいろいろな運動を伴っていました。労働が運動だったのです。しかし、デスクワークが増えたおかげで、運動不足を解消するためだけの運動も必要となったのです。

子どもの場合はもっと極端に変化しています。テレビやゲーム機など室内で過ごす時間が増えたことで、大人以上に身体を使わなくなりました。子どもの運動能力の低下は深刻です。車や交通機関の発達も大きいでしょう。今は歩道ですら動く時代です。

人間は直立二足歩行する動く生き物ですから、身体を動かさないと病気になります。それで今度は身体を動かすためにスポーツをしたり、アスレチックジムに通わなければならなくなりました。それが難しい人は、家に健康器具を置いています。よく考えてみれば、大変おかしい事態が進行しているのです。しかし、もうできてしまったことだから、今さらとやかく言ってもはじまりません。今、私たちは積極的に身体を動かして、健康を維持しなければなりません。

そのことと祈りがどういう関係にあるのでしょうか。祈りは、基本的に人間が「いきいきと生きる」という自然本性の現われです。私たちはそのために祈ってきました。個人、家族、集団、国家、人類、地球生命のすべてが、自然の法則に従っていきいきワクワクと暮らしている世界を願うのが、人間の根源的な祈りの目的です。

ところが、身体を使わないことには、そういう祈りの目的が達成できないのです。解剖学者の養老孟司《ようろうたけし》氏によると、人間はコンピューターと似て、入力と出力を繰り返すことで生命を保っています。

しかし、人間の場合、入力と出力のバランスが取れていません。入力のほうは目とか耳とか鼻、口など、いくつも入力装置があるのですが、出力のほうは、筋肉だけなのだそうです。

したがって、筋肉を衰えさせると、入力はできても出力ができなくなります。簡単に言えば、入力とは知覚のことであり、出力とは行動（運動）のことです。今、この出力が危機に瀕《ひん》しているのです。

「出力装置というものを人間はひとつしかもっていません。骨格筋がだめになると、人間の出力が全部なくなるということは一般に意識されていません。私はこれを脳死に対して『全筋肉死』と呼んでいますが、全筋肉死になると、他がすべて大丈夫でも人間としてははなはだ耐えられない状態になります」（『まともバカ』養老孟司・著／大和書房）

はなはだ耐えられない状態とは、人間としてふつうに暮らしていくことが難しい状態ということです。知識を詰め込んで立派なことを考えても、筋肉という出力装置を鍛えておかないと、私たちは何もできなくなる。運動不足だと、そういう状態に置かれる危険性があるわけです。

それだけではありません。便利な役目をしてくれる文明の利器によって、五感すらあまり使おうとしなくなっています。目と耳はかろうじてよく使っていますが、鼻や舌は外から与えられる情報などに頼ることが多くなりました。いやな匂いをかぎたくないと、芳香剤によってごまかし、季節を感じさせる旬の食材を使った料理も自分ではあまり作らなくなりました。

こういうことは、すべて人間の生命力を弱める方向に働いています。どう考えても、祈る目的に反するような行動を取っているのです。地球温暖化も、人間が自分で自分の首を絞めているようなものです。

こういう事態を脱するためには、私たちは一度、自分たちのしていることを総点検したほうがいい。祈る目的に反することをしながら、それに気づかないままに祈りからこれ以上離れていったら、人類の将来は明るいものとはならないでしょう。

「LIFE」には三つの次元がある

祈りを取り巻いている現状を考えるとき、さらに問題なのは「個人主義」ということです。モノが豊富に生産されるようになった近代以降、個人主義が発達しました。少なくとも先進諸国では、個人が「人権」の名の下に最大限に尊重されています。これは基本的には良いことですが、ここでもいきすぎが現われてきているようです。

それが一番極端に現われると、「自分だけ良ければ」という考え方になってきます。それを誰も止められないでいます。本来、人間は愛や思いやり、感謝の心を持って、他人とうまく交流しながら生きていくものですが、「自分」を最優先して生きる人間を諫《いさ》める人が、少なくなってしまったのです。

それで、自分中心主義の人間が何を一番望んでいるかというと、さしあたり「生きること」だと言っていいと思います。まず「生きること」、次に「この自分こそがより良く生きること」へ、それが人生の目的になってしまったのです。

幸い、科学の発達が暮らしを豊かにし、人々を長生きさせるようになりました。これを受けて、人々は長生きすることを当然と思うようになりました。今では一刻でも長く生きようと、みんな努力をしています。

だが、はたしてそれでいいのでしょうか。どういう生き方で長生きをしたらいいのか、どのように死を迎えたら見事な人生だったと言えるのか、それを忘れているように思えます。

実は、私たちにとって重要なことは、人生の終幕を先へと延ばすことよりも、その長生きをした人生がどのように充実したものであるかということです。長寿とは、人から祝福されるような長生きをしてこそ、意味を持ってくるものです。

哲学者・芳村《よしむら》思風《しふう》氏は次のように述べておられます。

「人間において生きるとは、ただ単に生き永らえる事ではない。
人間において生きるとは、何のためにこの命を使うか、
この命をどう生かすかということである。

命を生かすとは、何かに命をかけるということである。
だから、生きるとは、命をかけるということだ。
命の最高のよろこびは、命をかけても惜しくない程の対象と出会うことにある。
その時こそ、命は最も充実した生のよろこびを味わい、
激しくも美しく燃え上がるのである。
君は何に命をかけるか。
君は何のためなら死ぬことができるか。
この問いに答えることが、生きるということであり、
この問いに答えることが、人生である。」

生命科学の現場では、遺伝子レベルで「死とは何か」について熱心に研究がされはじめています。遺伝子には死ぬための情報も書き込まれていると言います。それを解明することで死について詳しく知ることができれば、生きることについても、新しい考え方が生まれてくるかもしれません。

ところで、「人生」は英語ではライフ（ＬＩＦＥ）と言いますが、このライフは、

ほかにも「命」「生活」「生命」などを意味しています。

ライフという単語がこのように多くの意味を持つことは、便利な反面、きわめて不便なことにもなります。ライフを日本語に直すときに、「人生」「命」「生活」「生命」のいずれの意味なのか、そのつど考えて訳し分けねばならないからです。

人生（ライフ）には、少なくとも三つの次元があると思われます。まず、非物質的なものとしての「生命」の次元です。生命に固有な働きがよくわからないので、非物質というネガティブな表現にしておきます。分子生物学や生命科学が解明しようとしているのが、まさにこの「生命」の次元です。

次に、人間の社会関係における「生活」の次元があります。政治、経済、法律、地理、歴史など、人間関係としてのライフの次元です。そして最後に、「生命」や「生活」の根底には「いのち」の次元があります。それは人間の尊厳や生命の畏敬《いけい》を問うときに開かれてくる次元です。

こうした人生が持つ三つの次元は、当然ながら、死の三つの次元と対応しているはずです。なぜなら、死は生の反対なので、死の三つの次元は、生の三つの次元の裏返しと考えられるからです。

死の三つの次元とは、どういうものでしょうか。それは「生命」の死と、「生活」の死と、「いのち」の死です。「生命」の死は、研究対象としてのヒトの有機体の死です。それは誰でもない人の死です。匿名化された人の死ですから、いわば「彼」「彼女」、あるいは「それ」と指示される「三人称の死」であると言えます。

「生活」の死は、社会生活（家族が単位）の中で結ばれた人間関係の網の目がほころびるような死です。社会の成員同士の「我と汝《なんじ》」の関係性の中で「汝」の死として立ち現われるので、「二人称の死」と呼べます。

「いのち」の死とは、他人が取って代わることができないこの私、唯一独自の個の死ですから、「一人称の死」と言うことができます。

生命科学が解明しようとしているのは、人生（ライフ）の三つの次元のうちのひとつでしかありません。このことを銘記しておく必要があります。科学が生命の謎を解き明かそうとしているのは、そのほんの入口の部分にすぎないのです。

悠久の人類史の中で、私たちは太古より変わらぬ生き方を継承してきました。それは人類の記憶に刻まれた生き方であるとも言えます。それは何かと言うと、人間は大自然の中から生まれて、大自然のおかげを被《こうむ》って生き、一定の期間を過ごした後、ふたたび大自然の中へ帰っていくということです。

こうした人類の記憶に刻まれた生き方が受け継がれているのは、別の観点で考えれば、子どもや子孫に残した遺伝子によって、身体的生命の連続性が保たれているということでもあります。人間は過去ずっとそうやって生きてきたのです。

「いのち」は他の人たちの心の中にも分配されている

アメリカにこういう話があります。7歳の少年が白血病を患い、治療の副作用で白《はく》質脳症《しつのうしょう》になってしまいました。少年はレッドソックスの大ファンで、とくにステープルトン選手がお気に入りでした。

少年のことが話題になると、そのことを聞きつけたステープルトン選手が少年を見舞いました。病床でステープルトン選手は少年とこう約束します。

「明日、君のために第1打席できっとヒットを打つよ」

少年が喜んだことは言うまでもありません。ステープルトン選手は、約束どおりヒットを打ちました。すると不思議なことに、少年の病状がみるみる回復して、5年後には完全に治ってしまったのです。理由は今でもわかっていません。

2006年10月、慶応病院で一人の女の赤ちゃんが生まれました。妊娠25週のため、帝王切開でこの世に出てきました。その体重はわずかに265グラムでした。このサイズは、世界で2番目の記録だといいます。

手のひらにでも乗ってしまうような小さな赤ちゃんですが、みんなで大切に扱った結果、半年後には3020グラムにまで成長しました。

少年を見舞って約束を守ったステープルトン選手といい、小さな赤ちゃんを取り上げ無事に大きく育てた病院の人々といい、これらの行為は「自分だけ良ければいい」という利己主義からは生まれないものです。

人間は人と人との間でしか生きられません。だから、もともとは人の住む世界を意味する「人間《じんかん》」が、そこに住む人たち、つまり「人間《にんげん》」の意味として使われているのです。人間という言葉には二重の意味があるのです。

人間《にんげん》はさしあたり個人を指しますが、人間《じんかん》でしか生きられません。自分という一人の人間がいれば、その四方八方には人間関係のネットワークが張り巡らされているのです。個人が単独で生きることは不可能であり、さまざまな方法で他の大勢の人が、その人の生きることに協力しているはずです。

だから、自分だけ良ければいいという生き方では、この社会のネットワークそのものが破れてしまいます。自分も他人のために何かをしてあげて初めて、本当の意味で人と人との間柄としての人間《にんげん》となるのです。

命はいったい誰のものなのかということに関して、生命科学者の柳澤桂子《やなぎさわけいこ》氏が卓抜な見解を述べておられます。それは以下のようなものです。

「一人の人のいのちは多くの人々の心の中に分配されて存在している。分配されたいのちは分配された人のものである」

自分は一人の人間として独立して存在しています。自分は自分であって、他の何者でもありません。こういう考え方に立てば、自分で自分の命をどうするか決めてもいいことになります。極端な話、自分が死にたいと思ったら、死んでもかまわないと……。しかし、そうではないのです。

柳澤氏が指摘するように、人は個体としては独立していても、その命は親と連続しているだけでなく、他の人々の「心の中に分配されて」いるのです。

だから、自分一人で勝手なことをすれば、心の中に分配された、あなたを支えていた人たちにも影響を及ぼして悲しませることになります。自分一人の勝手な思いは、自分の中だけで終わるのではなく、大勢の他の人の心にも波及するのです。

本当の自分を生きるということ

人々が祈りから離れたもうひとつの理由として、条件反射的に惰性《だせい》で生きるようになったことが挙げられます。

条件反射的に惰性で生きるとは、どういうことでしょうか。こういうことが起きたらこういう反応をすると決めておいて、後は惰性のまま半ば自動的に振る舞うということです。

たとえば、葬式の席で、ニコニコ笑う人はいません。葬式は神妙な顔でしめやかに執り行なうのが、世の常識だからです。

葬式や結婚式など、人と付き合うマナーが重んじられる場合は、常識を知ってそのとおりに振る舞っていれば、大きな間違いを犯すことはありません。

しかし、「人がするから自分もする」「人がそう考えるなら自分もそう考える」ということになっては、自主性がなくなってしまいます。

そういう人が増えています。その特徴は何かというと、「自分の頭で考えない」ということです。知識や情報をたくさん持っていて、どんな話題でも、ひととおり自分の意見は言える。でも、その意見は、どこかで誰かが言っていたものなのです。

マスコミが繰り返し流す情報とか、声の大きい人の考え方や意見が、いつのまにか「自分の考え」になっていく。この傾向は、最近とみに強くなったようです。

これが良くないのは、本当の自分を生きられないからです。シェークスピアが言ったように、「人生は一幕のドラマ」です。人生ドラマの素晴らしいところは、単に役柄・役割を演じるだけでなく、自分でシナリオを書き、自分で演出できることです。

その気になれば、人生は自分の思いどおりにできます。もちろん、思いどおりにならないこともありますが、そのつど自分でシナリオを書き直していけばいいのです。

「セ・ラ・ヴィ」、人生とはそういうものです。

ところが、役柄・役割を演じるだけで、シナリオを他人任せにしてしまう人がいる。行き当たりばったりで生きている人がそれです。そういう人は、どんな人生になるのでしょうか。他人を主人公にした端役《はやく》（ちょい役）人生しか送ることができません。それも道理です。他人任せに生きるというシナリオを自分で選んだのですから。

本当は、自分で書いたシナリオのとおりに、人生ドラマは展開しているのです。その意味では、すべての人がそれぞれに主役に違いありません。しかし、端役を望めば、主人公が端役を演じることになるのは当然なことです。そのようなシナリオを自分が書いて、それを演じるわけですから。

つまり、何がどうなろうと、この人生はすべての人が主役であることに変わりはなく、それぞれの思いどおりにドラマは展開しているわけです。

本当の自分を生きるということ、これこそがもっとも重要です。条件反射的に惰性で生きることは、いつのまにか、金魚の糞《ふん》のように他人様の後にくっついて、端役稼業に甘んじながら人生を送ることになるのです。あなたは、そんな人生に満足できますか。

魚の群れは、大群がいっせいに向きを変えますが、現代人も考え方から行動まで、だんだん魚の群れに似てきました。これはあまり好ましい傾向とは言えません。自然界の生態系に関して、生物の「多様性」ということが持続可能性や発展のカギを握っている、と言われています。

アルネ・ネス（ノルウェーの思想家）が提唱した「ディープ・エコロジー」運動の綱領は、主義主張に関係なく、誰もが賛同できる基本的な合意事項を提示したものです。そこには、「生命形態の豊かさと多様性は、それら自身が価値があるのであり、地球上の人間と人間以外の生命の繁栄に寄与している」と高らかに謳《うた》っています。

今のようにみんなが慣習や世間体を気にして、条件反射的に惰性で生きていったら、社会から人間の個性や多様性が失われてしまいます。本心に立ち返ってみれば、人の好みも望みも千差万別なはずです。人それぞれ個性があるから、その個性と個性の交流や対立を通して、多彩な人間模様や多様な文化も生まれるのです。

「病む人」へ祈ってみませんか

最近、うつ病の人が増えていると言います。一説では、日本では気づいていない人も含めると、人口の15％がうつ病と言われています。数にすると、約1900万人ということになります。

うつ病の目立った症状としては、憂うつな気分、もの悲しい気分、何事にも関心がなくなる、人に会いたくない、自分が嫌になる、生きていてもしかたがないと思う、などです。ひとつひとつの症状なら、健康な人でもときどき陥る気分なので、軽症の場合は、それと気づかない人も多いようです。

いったい、なぜうつ病患者が増えるのでしょうか。理由はさまざま考えられますが、例の条件反射を繰り返す惰性的な生き方に問題があると言えそうです。つまり、自分の頭でものを考えない、みんなと同じであることで安心する、そういう生き方をしていると、何か頼るものがなければ困ってしまいます。判断のモノサシが欲しくなります。

しかし、判断のモノサシは、しばしば文化や時代や地域によって変わります。それにいちいち忠実に従おうとすれば、振り回されるだけです。そのように慣習や世間体というモノサシにとらわれている人は少なくありませんが、うつ病になる人には、世間の人たちの生き方が「どこかおかしい」と気づいた人たちもいるようです。

いや、気づいたからこそ憂うつになるのです。この傾向は、不登校児や引きこもりと言われる人たちにも見られることです。全部が全部とは言いませんが、うつ病、不登校、引きこもり、あるいはニートも加えていいと思いますが、現実社会の制度や慣習に嫌気がさした人がかなりいると思います。

「勝ち組、負け組」というのは、お金や地位から見た一方的な評価です。自由な世の中と言いながら、ある特定の価値観が強く作用し、人々はそこに吸い寄せられていきます。それを変だと感じることは、きわめて大切な感覚です。

こういう人たちが元気を取り戻すには、いったいどうしたらいいでしょうか。医療の世界でうつ病は、脳の機能障害というレッキとした病気扱いですが、そのような治療に馴染まない患者さんもきっと大勢いるはずです。

医療以外に、こういう人たちのために祈ってあげてはどうでしょうか。会社の同僚にうつ病で休む人が出たら、職場のみんなで集会を開いて「早く良くなるように」と祈ってあげるのです。今はまったく逆で、職場の人間関係がかえってうつ病の引き金になっています。この現状を改めることが先決だと思います。

「人は祈らなくてすむ」はずがない

今、必要なのは、常識と言われていることを一度は疑ってみることです。常識にとらわれすぎると、思考がストップして現状維持しか考えなくなるものです。そのような思考停止に陥った人たちが、大勢いるように思われてなりません。

著者の一人、村上には次のような貴重な経験がありました。

２０００年に不登校の子どもたちが集《つど》う「師友塾《しゆうじゆく》」で講演を依頼されました。正直言って、不登校児には大して期待もしていませんでした。ところが、その予想は見事に裏切られたのです。

講演では、次のようなことを話しました。

「遺伝子は環境などにより目覚めるときがあります。スイッチがオンになれば、ふだん発揮できなかった力が出ます。人間の一生は、授かった遺伝子がどう目覚めるかによります。実際に私も、日本の大学にいたときよりアメリカの大学に移ってから、自分が認められたという喜びもあり、研究が伸びたように思います。また、遺伝子の研究を行なう過程で、生命の設計図の精密さに心打たれ、その設計図に書き込んだ人間を超えるサムシング・グレートを感じました。自分が人間として生まれ、毎日元気で生きていることこそ、奇跡的なことだと言えます」

講演中、不登校児だった子どもたちの目は真剣で、キラキラと輝いていました。講演後の質疑応答も鋭く、講演の意図するところを正確に読みとっていたのです。そればかりでなく、後日、塾生たちが自主的に書いたという感想文がたくさん送られてきました。どの手紙も丁寧な文字でひとつの誤字もなく、心のこもった素晴らしいもので、講演のお礼とともに、今後の研究を励ます言葉さえ書き添えられていました。このときから、不登校児に対する認識を180度改めることになりました。学校を拒否し、教師や親に反発した子どもたちは、温かく丸ごと受け容れられるこの師友塾で心を開き、持てる能力、眠らせていた可能性を開花させています。

その後、何度も師友塾に講演に行きましたが、行くたびに生徒さんの真摯な態度、心の優しさ、礼儀正しさに感銘を受けています。2008年4月、尾道市に、33年の信頼と実績を踏まえて師友塾高等学校も開校されました。不登校児に問題があるのではなく、いい子を不登校に追い込んでしまう家庭環境、学歴社会や学校システムのほうに歪《ゆが》みがあるのではないでしょうか。

真の教育とは人間一人一人の魂を目覚めさせ、誰もが持っている個性を引き出せるよう教え導くことであり、単なる記憶力の養成や知識の蓄積に価値があるのではありません。

師友塾との出会いから、大越俊夫《おおごしとしお》塾長をはじめ、スタッフの不登校児に対する祈りにも似た熱い思いを感じています。

祈りの科学的な研究というのは、実は科学者にとってはかなりの冒険なのです。しかし、祈りが何らかの効果を及ぼしていることは間違いありません。常識を疑うという観点からも、祈りの研究にはそれなりの意義が認められることです。

以上見てきたように、祈りを取り巻く現状は、「歌を忘れたカナリア」のように、多くの人々が人間の自然本性としての祈り（生命の宣言）を忘れてしまった状態にあるということです。その理由をいくつか見てきましたが、最大の問題は、「祈らなくてもすむ」ように思われていることです。

祈らなくてすむのは、幸いなのかもしれません。人が祈るのは、困ったときが多いからです。祈るほど困っていないのは、さしあたり物質的、経済的に豊かで安定しているからに違いなく、それはそれでいいことなのかもしれません。

しかし、「祈る」ことが「生きる」ことであり、「いきいきと生きる」ことであるとすれば、つまり祈りが人間の自然本性に由来する行為であるとすれば、「祈らなくてすむ」はずがないのです。

祈りのない人生なんて、焦点が定まらないカメラ・アングルのようなものです。どう見てもブレているし、行き当たりばったりで、足元がふらついている。そんなことで充実した人生が送れるとは思えません。

「生きる」ことは何よりも「息をする」ことですから、自然に呼吸をするように、私たちは自然に祈ることになっています。それが私たちの自然本性だからです。祈らないのは、息をしていないのに等しいことなのです。生命をその根源から生きること、これが祈りです。

ですから、祈りは願望や請願のためだけにあるのではありません。感謝、愛、思いやり、従順、誠意、畏敬のためにも、私たちは祈ることができます。

願望や請願の祈りではなく、感謝や平和の祈りができる人は、祈らなくてすむ人よりもずっと幸せでしょう。そのような生き方こそ、「ブレない人生」を可能とするものです。

第四章

自分のために祈るか、他人のために祈るか

宗教の祈りと自由な祈り――誰に祈るか

この章では、祈るときに参考になりそうなことをいくつか述べておきます。まず最初に、「誰に祈るのか」という問題です。

祈りは、ある意味でメッセージです。宛名のない手紙を書いても心もとないように、祈りもそれが向けられる対象がないと心もとない。どうしても「相手」が必要になってきます。

ただ、この相手は、私たちがふつうに話をする相手とは少し違います。人と話をするときは、相手をはっきり意識しますが、祈りの場合は漠然としていることも少なくありません。

「神様、仏様……」といった言い方をする場合もあります。その場合は、祈る側がそれほど明確に相手を意識しているとは言えません。「どの神様、仏様でもいいから」といったニュアンスを含みますが、このような祈りも多くあります。

宗教の祈りでは、対象がよりはっきりしてきます。その宗教がいただく神様や仏様に祈るからです。しかし、実際はどうかというと、キリスト教のような一神教でも、祈る対象はひとつではありません。ユダヤ教の神はただヤハウェのみですが、その伝統から生まれたキリスト教では、祈りの相手は唯一神の他に、聖母マリアだったり守護聖人だったりします。イスラームでは、唯一神アッラーのみで、これははっきりしています。

仏教では、仏や如来《にょらい》という覚者《かくしゃ》（目覚めた者）に対する信仰が篤《あつ》く、阿弥陀仏《あみだぶつ》、薬師如来《やくしにょらい》、大日如来《だいにちにょらい》や、また仏になる一段階手前の弥勒《みろく》、観世音《かんぜおん》、地蔵《じぞう》などの菩薩《ぼさつ》を対象に祈ります。

このように、祈る対象はいろいろですが、祈る側に共通しているのは、相手が人知を超えた超越者だということです。

つまりサムシング・グレートということです。実際に祈る人は、そこまで意識して祈っていないでしょうが、できたらそのサムシング・グレートを意識したほうがいいと思います。なぜかというと、そう意識することが、「対象との結び付きを確認する」

ことにつながるからです。生命の根源との結び付きを、祈りのつど再確認することになるのです。

宗教と関係のない人が祈るときも同様です。超越した存在を意識することで、自分の中に敬虔な感情が生まれます。この広大な宇宙の中で自分の位置がどこにあるかを再確認できるような感覚、大宇宙と小宇宙（自分）の関係を直観するような感情です。その感情に乗せて祈ることで、焦点の合ったより中身の濃い祈りができるようになるのです。

人格神を祀ってある神社やお寺などで祈る場合は、どういう神様なのかを理解しておきましょう。何も知らないで「とにかくお願いします」というような祈り方では、霊験あらたかな神様でも、そっぽを向いてしまわれるでしょう。人間同士の挨拶とよく似ているところがあるようです。

昔の日本人は、どの祈願はどこの寺社で祈ればいいかをよく知っていました。そうでないと、祈りが聞き届けられないだけでなく、非礼であると考えたからです。科学が未発達な時代には不測の事態にはなす術もなかったでしょうが、そのぶん信心も深かったのです。

強い望みを持ったり、身に何かあると、願《がん》をかけて本気で祈りました。また、祈りが通じたかどうかにも敏感でした。通じなければ「どうしてだろう」と真剣に考え、周りの人間とも話し合ったはずです。それが自然な道徳教育になっていただろうことは、容易に想像できます。

今は誰に祈ることも自由です。神様や仏様だけでなく、宇宙や自然も祈りの対象になります。神や仏と言えば、すぐに人格的な超越者を思い浮かべますが、宇宙法則や絶対原理なども神や仏と呼べるものです。

ですから、誰に（あるいは、何に）祈るのもいいのですが、できればつまみ食いはしないほうがいいと思います。祈りの対象は、自分なりに決めておいたほうがいいのです。

しかし、だからと言って、祈りが向けられる対象が、次第に広がっていって、ついには宇宙全体にまで拡大することを認めないわけでは、もちろんありません。ただ、祈りの対象がはっきりとしているときは、祈りの気持ちが集中されやすいのです。

祈りの対象が大きくなることは、祈りの集中を妨げはしません。むしろ、大きく広がって宇宙大になるときは、祈りが狭い自我の枠を突き抜けて、広大な宇宙の中心や宇宙を超えたものに直通していることを暗に示しています。

願望の先にあるもの──何を祈るか

次は「何を祈るか」、祈りの内容についてです。祈る内容は、それこそ千差万別でしょう。個人的な事柄、家内安全、商売繁盛、病気平癒、無病息災……いろいろあると思います。

それらは、「請願・祈願」「感謝・報恩」「賛美・賛嘆」「祝福」「執《と》り成《な》し」「告白・懺悔《ざんげ》」「調伏《ちょうぶく》・退散」などに分けることができます。しかし、こういう分類を別に気にする必要はありません。

大切なのは祈り続けることです。「継続は力なり」と言います。生きていると自然に息をしていますが、それと同じように、息をするように祈るのです。そして、「生きることは祈ること」だと言えるほどに、祈りを習慣化するのです。

こういうことを言うと、「何を望んでもいいのか」という疑問が出てくるかもしれません。祈るのは当人ですから、それが切なる望みとあれば、しかたがありません。ただ、不調和な思い（妬みや恨みなど）が混じった願いや私利私欲のみ求める願望などは、祈り続けていくうちに自然消滅するはずです。

宇宙の法則からはずれたものは、おのずと軌道修正されます。その調整作用はさまざまな形で自分に跳ね返ってきますが、そこから何かを学ぶことが大事です。ですから、どんな祈りであっても、祈り続けてさえいれば、自然に祈る内容には変化が生まれてきます。

どんなにがんばっても、人間は自分のレベルでしか祈れません。祈る内容は、おのずとその人のレベルが現われてきます。でも、祈り続けていると、レベルがだんだん上がっていきます。自分だけではなくて他人をも包み込むより大きい祈り、物質的な欲望だけではなく精神的な健全さを求める、より深い祈りへと変わっていきます。だから祈らないよりは、祈りの習慣をつけて祈ったほうがいいのです。

祈ることの効果のひとつは、祈る人の心に新しい良いものを芽生えさせて、それを培《つちか》うことにあります。たとえば、希望の祈りは、その希望の芽を祈りとともにだんだん大きく育てることなのです。

ただの願望や希望にすぎなかったものが、繰り返し祈りを重ねるうちに、そこに含まれていた良い種子が確実に生長していき、ついには実を結ぶところまでいくのです。だから、祈る行為を続けることが何よりも大切なのです。

祈りの内容に関しては、とりあえず祈る材料がないと言う人もいるでしょう。現代人にはこういう人がけっこう多いのです。人生がほぼ順調に運んでいて、何かに頼る必要を感じていない人たちです。

彼らはほとんど祈りません。「祈るのは弱者だ」といった誤解をしている人も大勢います。必要性を感じていない人を、無理やり祈らせるのは本当に難しいことです。そういう人たちは、どうすれば祈りの世界へ入っていけるのでしょうか。

「健康」について祈ることです。誰でも健康でいたいと思っています。この望みに例外はありません。自分が無病息災であることを祈る、そういう習慣をつけたらいいと思います。生活の中に何かひとつ祈る習慣を作ることが大切なのです。

それでも、健康な人は特に祈る必要性を感じないかもしれません。そういう人は「健康になること」を祈るのではなく、「健康でいることに感謝する」という祈りをすればいいと思います。

「感謝の祈り」ができるようになると、心のあり方が明らかに変わってきます。健康なことだけでなく、何に対してでも感謝できるようになる。この気持ちの変化が祈りの世界とより馴染むきっかけを与えてくれることにもなります。

もうひとつ良いと思われるのは、ヨーガ、瞑想などを通じて、健康維持に努めることです。実は、ヨーガや瞑想にはもともと祈りの要素が含まれています。健康法にもなりますが、祈りの世界に近づくには有効な方法のひとつと言えます。

フランスの啓蒙思想家ルソーは、「人間を作るのは理性、人間を導くのは感情」と言いました。下手に知識に頼るよりも、感情をうまくコントロールしたほうが人生はうまくいく、ということです。

祈りは感情を良い方向へと導いてくれます。心の中に鬱積《うっせき》したさまざまな感情は、私たちの人生を陰で誘導していますが、抑圧されていた感情が何かのきっかけでいったん爆発すると、もう手に負えなくなります。それは人間関係の歪《ひず》みとして、あるいは心身の歪《ゆが》みとして、さまざまな形で問題や病気をもたらすはずです。

だから、そうならないように、祈る習慣を身につけて、常日ごろからブレを修正し、息をするように祈ることが大切なのです。

この点で、健康を願うというのは万人向きのテーマになりえるものです。それを通じて祈りの世界へ入っていけばいいのです。さしあたり、「祈り」は立派な心身の健康法になります。

この心身の健康を願う祈りが、心身を超えたものの存在に気づくきっかけにもなることでしょう。WHO（世界保健機関）は、心身を超えた次元を「スピリチュアル」（霊的な）という言葉で呼んでいます。スピリチュアルな健康というものが想定されているのです。

本当に心から祈るということ――どれくらい祈るか

次に、「どれくらい祈るか」について考えてみましょう。

祈りは行為ですから、そこには「どれくらい」という数量が関わってきます。頻繁に祈る人は、数量的に豊富な祈りをしている人です。祈りの数量については象徴的な逸話があります。

伝道中のイエスが二人姉妹の家を訪れたときのことです。姉のマルタはイエスを歓迎しようと、台所に立ち忙しくしていました。妹のマリアは姉の手伝いをしないで、イエスのそばで話を聞いていました。

たまりかねた姉が「少しは手伝いなさいよ」と妹に言ったとき、イエスはどういう態度を取ったでしょうか。イエスは姉をたしなめてこう言いました。

「良い話を聞く機会を奪ってはなりません」

世俗のことに気を揉むよりも、自分の話に耳を傾けることのほうが大切だというのです。祈りについても同じことが言えます。それが〝祈り心〟で生活するということです。祈りというのは常に行なうべきものなのです。それが〝祈り心〟で生活するという

キリスト教の神父や牧師、仏教の僧侶にしても、その生活は信仰中心に回っています。宗教の世界では、それが最善と思われているからです。

宗教に帰依《きえ》していない人たちにとっても、祈りが人間の「自然本性」と考えれば、四六時中祈っているのが「人生」ということになってきます。この点では宗教の世界と同じと言えます。

しかし、実際問題として、私たちは一日中祈り続けることはできません。それでも、人生のあらゆる場面で「祈る意識」を忘れないことは、大切なことでしょう。

では、いつも心で祈っていればいいのかというと、実はそれだけでは不十分なのです。数量と並んで質の問題があるからです。

祈りの質を高めることに関しては、こういう話があります。

インドのマザー・テレサの病院で働いていた修道女の話です。伝染病にかかった子

どもが死にかけていました。もう誰が見ても助からない。そうなっても、彼女は子どもの口に息を吹き込んでいました。

感染の恐れもあることだし、周りにいた人々は、「もうやめるように」と彼女に言うつもりで近づきました。すると、そばにいた年配の修道女が人々を押し止めてこう言ったのです。

「やらせてあげなさい。彼女は自分のためにやっているのですから」

この言葉は何を意味するでしょうか。彼女は子どもが助かるように祈っていました。その祈りは、同時に子どもに息を吹き込む行動となって現われたのです。つまり、祈りが深まれば、行動となるのです。

世界には飢えた子どもたちが大勢います。そういう話をテレビなどでよく取り上げています。そういうとき、コメンテーターが「かわいそうですね」「無事に大きくなることを祈っています」などと同情的なことを言います。

言わないよりはマシだとしても、口で言うだけで何もしないのは、本当に祈ったことにはならないのではないか。毛布の一枚でも現地に送った人のほうが、はるかに立派な行為をしたのではないか、と思うことでしょう。

そう思うのも無理はありません。しかし、ここで忘れていけないのは、実は祈りこそが「最適解の行為」であるということです。心から祈ることは、それ自体がもっとも現実的な行為なのです。身体的な行為しか考えていない人には意外でしょうが、祈りは現実を変えるもっとも現実的な行為なのです。

たしかに、祈りはたくさんすればいいというものではありません。祈りは数量を積み重ねれば積み重ねるほど、私たちの意識や無意識に浸透していきます。それは事実です。ただ、数量を増やすよりも、「祈りの質」のほうが大事だとも言えます。

念仏をする人には、これは「一念と多念」の問題として知られているものです。一念の信心を起こすのが先決か、それとも数多く念仏を唱えるほうが大事かという問題です。結論を言えば、どちらでもいいのです。念仏の数よりも信心が定まることが大事ですが、いったん信心が定まれば、おのずと念仏を唱えることになるからです。

大切なのは、口先で祈るのではなく、心から祈ることです。祈りの数量を増やすよりも、一回一回の祈りを深めることです。これはたとえば、日常生活の中で定時の祈りを行なうとともに、生活の合間合間に瞬間の祈りを積み重ねることで可能になるものです。

つまり、「どれくらい祈るか」ということは、祈りの習慣を身につけることによって自然に解決される問題なのです。

火事場の馬鹿力――誰が祈っているのか

次に、「一人で祈るか、大勢で祈るほうがいいか」という問題を考えてみましょう。

結論から言うと、これはケース・バイ・ケースです。一人で祈ったほうがいい場合もあれば、集団で祈ったほうが効果的な場合もあります。

一人で祈ったほうがいいのは、祈りの内容が個人的な事柄の場合です。たとえば、「好きな人と一緒になれますように」と祈るときなどです。人には言えない、悟られたくないような祈りは、一人で祈ればいいのです。

そういうときは、強く祈念することが大事です。強く祈念するといっても、邪《よこしま》な想念では調和を乱すので、自分を包む大いなるものに心を開き感謝して、素直に純真に祈ることです。その態度が真摯で熱烈であれば、祈りの効果は現われるはずです。

ところで、一人で祈るというとき、実は容易には説明できないことが起きているのですが、そのことにお気づきでしょうか。「祈りの主体」に関する問題です。

あなたが祈っているとき、「誰が祈っているのですか」と質問することは愚問中の愚問でしょう。「自分に決まっているじゃないか」、みんなそう答えるに違いありません。

実は、この問いへの答えはそう簡単ではないのです。「自分に決まっているじゃないか」と言うときの自分とは、「自我」のことです。自分で意識できる自分が自我ですが、祈りは自分の自我が祈っているとふつうは考えます。

しかし、祈りの実態を見てみると、意識できる自我よりも奥にあるもの（本当の自分、真我《しんが》）が祈っていると考えられるのです。わかりやすく言えば、自我とは顕在意識の自分であり、その奥に潜在意識が広がっていますが、真我とは顕在意識と潜在意識のさらに奥にあるもの、いわば超意識・超無意識の自分と言っていいでしょう。

誰が祈っているか考えるとき、ふつうは「顕在意識の自分」が祈っていると考えます。しかし、祈りの経験に即して表現すれば、「祈っているのは自我ではない」と言えるのです。

実際、深い祈りの状態では、祈っている人が「我を忘れたような状態」、つまり無我、無心の状態になるのがほとんどです。そこに達していない祈りには、自我の欲望や願望が絡《から》みついていると考えて、まず間違いありません。だから「自我は祈れない」と推測できるわけです。

「祈っているのに、少しも実現したためしがない」と嘆く人は、自我レベルの祈りだからかもしれません。それは祈りというよりも願望にすぎず、瞬時に消え去り祈りにまで持続していないのかもしれません。

もちろん、自我の祈りがまったく無効というわけではありません。しかし、遺伝子のスイッチオン／オフは、自我レベルではなく、もっと奥の真我レベルで反応するようなのです。

火事場の馬鹿力ということがあります。家が火事になったら、か弱い女性がタンスを持ち上げたといった類の話です。ふだんはできそうもないことが、緊急時にはできる。これは意識してできることではありません。だから潜在能力と言われています。

誰にもこういう隠された驚異的な力が備わっています。

たとえばこういう話があります。車の下に潜って修理をしていた男性が、ジャッキがはずれ下敷きになってしまいました。そばには母親一人しかいません。そのとき、母親はどうしたでしょうか。何と車を一人で持ち上げて息子を助け出したのです。ふだんだったら、絶対に発揮できない能力も、いざとなれば発揮できます。ここで見逃してならないことは、車を持ち上げるというのは、まぎれもなくエネルギーが必要な仕事であり、遺伝子の直接か間接の働きによるということです。

こういう力をふだんから発揮できればいいと思われるでしょう。その方法はあります。この母親に学べばいいのです。

何事も起きていないときに、「あなたは車を一人で持ち上げられますか」とこの母親に尋ねたら、「とんでもない。そんなことできるはずがないでしょう」と答えるに違いありません。

でも、息子が命の危険にさらされたと思ったとき、それができたのです。なぜできたのか。母親が心の底から「息子の命を救いたい」と願ったからです。この願いは、はたして自我の願いだったでしょうか。

ほとんど無意識にとっさの行動を取ったと思います。無我夢中になって、できるかできないかも考えずに、行動を起こしたはずです。そのために奇跡的な力が発揮できたのです。ここからわかるのは、心の底からの願いは自我レベルにはないということです。

つまり、私たちは奥にある本当の自分（真我）に働きかければ、眠っている潜在的な力を発揮できるのです。たぶん、本当の自分との結び付きによって遺伝子がオンになるに違いありません。生活の中で祈りを有効なものにさせるには、意識を真我につなぐ必要があるということです。

インド哲学では本当の自分（真我）のことを「アートマン」と言っています。これは自分でも気づかない潜在意識の奥にある超意識のことで、個人の根本原理のことです。このアートマンに対応するのが「ブラフマン」で、こちらは宇宙の根本原理です。アートマンとブラフマンが世界を理解する究極の真理とされています。

このことが意味するのは、私たちの意識の本体はアートマン（真我）であるということです。だとしたら、祈るときに「自我の自分が祈っている」と意識できるような祈り方では、本当に祈ってはいないということです。

眠れる潜在能力を引き出す祈り

ただ、ここでひとつ問題なのは、「意識した心でだめなら、どうやって祈ればいいのか」ということです。何かを求めて祈るのは、意識していなければできないからです。もう一度、先の母親のことを思い出してください。

彼女は息子の命が危険なことを理解していました。理解していたということは、意識する心、すなわち自我が働いていたということです。

しかし、彼女はもうひとつ、日常とは違うことをしました。無我夢中で車を持ち上げる行動を取ったのです。つまり、無我夢中とか、無心の状態で祈ったり、行動することは、その人の考える以上の能力を発揮させるということです。

たとえば、立ち上がりかけた赤ちゃんを見てください。赤ちゃんはよろよろと立ち上がりかけた赤ちゃんを見てください。何度も何度も試みて、やがて立てるようになる。赤ちゃんは、自分が立ち上がれないとは夢にも思っていません。だから立ち上がれるようになるのです。

赤ちゃんの意識する心は、まだほとんどが白紙の状態ですから、真我のほうがより働いています。だからいくら失敗してもメゲないのです。「できない」という不可能感を持ちません。あるのは、「立ち上がりたい」という気持ちだけです。これが祈りの心に通じるのです。

赤ちゃんは祈りとも思っていませんから、本能に近い行動です。それが成長して知識を持つようになると、先の見通しを立てて行動します。できるかできないかを頭で考えるようになります。赤ちゃんのような行動パターンではなくなってしまうのです。

そうすることで、より良く生きる術を身につけるのですが、一方では可能なことも試みようとしないという消極的な人間になってしまいます。物事を不可能にしているのは、自分が身につけた知識に依存しているためかもしれないのです。

人間は、実は自分が思っている以上にすごい能力を持っています。知識も知恵も兼ね備えたうえで、赤ちゃんのような行動ができるなら、あなたの中に眠っている潜在能力を発揮させることができるはずです。

実際にそういうことは多々あり、それが場合によっては火事場の馬鹿力と言われてきたのです。しかし、あたりを見回してみれば、火事場の馬鹿力みたいなことはいっぱいあります。

たとえば、プロ野球の投手の中には、ここぞというときに160キロの球を投げられる人がいます。しかし、いくら努力しても投げられない人も大勢います。この差は何でしょうか。フォームとか筋力の強さとか、いろいろありますが、結局は遺伝子の働きに行き着きます。何がしかの遺伝子のオン／オフの差が、能力の違いを生んでいると思えるのです。

問題は、そういう能力を私たちも出せないのかということです。この答えは「出せる」でもあり、「出せない」でもあります。微妙なところです。「出せる」と言えるのは、遺伝暗号は99・5％はつくりが同じですから、「誰かにできたことは自分にできないことはない」という意味では、能力を出せるのです。

同時に人の顔が一人として同じでないように、遺伝子の働きはみんな違っているので、160キロの速球を投げたいと思っても、必ずその人にできるという保証はないのです。たしかなことは、誰もが驚異的な何かの能力を秘めていて、それを見つければ、あなたも超人になれるということです。

ではどうやってそれを見つけるか。たまたま小さいときから野球をやっていて、その世界で頭角を現わせればいいが、そういう形でみんなが自分のすぐれた能力を発見できるわけではありません。

ほとんどの人は「もっとできるはず」と思いながら、別のことをしています。ここにひとつ秘策があります。それが「祈る」ことなのです。自我を超えた真我の祈りができるようになれば、あなたは自分が持つ驚異的な能力を発揮できるはずです。

最善の人生を願う――一人で祈るか、集団で祈るか

話が横道にそれてしまいました。話を戻しましょう。

祈りのしかたについては、一人派と集団派があります。「一人で祈るほうがいい」という人もいれば、「みんなと一緒のほうがいい」という人もいて、二派に分かれています。

結論を言えば、どちらでもいいのです。この問題は祈りの根幹に関わることではありません。心から祈れる状態になれるなら、どちらでもいいのです。宗教が集団で祈ることが多いのは、祈りの機会を増やすためと、儀式としての祈りの体裁をととのえるためです。

集団で祈ったほうが、周囲の影響を受けやすいので、祈りながら生命の根源（超越者）とつながっている感覚を持ちやすいということはあります。また、人の気持ちは変わりやすいもので、今日は熱心に祈っても、明日は祈りたくない気分になるかもし

れません。集団で祈るのは、怠け心をなくしてくれるのに役立つのです。

宗教では、このことをとても重視し、常に信者に何がしかの祈る機会を設けています。組織としては当然ですが、祈りの本質とは関係ないので、あまり気にすることはありません。

アメリカ建国の父の一人フランクリンという人は、敬虔なキリスト教信者でしたが、周囲の人からは「ちっとも教会に来ないじゃないか」と強い批判を受けていました。彼は「教会に行かなくても、家で一人でちゃんと祈っているからいいんだ」とはっきり答えています。

一人で祈るか、集団で祈るかは、個人の自由に委《ゆだ》ねられていい問題です。祈りの効果は変わりません。良くも悪くも周りの影響を受けやすい人なら、ふさわしい環境に身を置くほうがいいので、集団で祈るのもいいでしょう。自分で祈れる人は、一人で祈ればいいと思います。

ただ、集団で祈るのが効果的な場合もあります。たとえば、他人のために祈るような場合です。先に少年の病気のために、現役の医師が大勢集まって祈った例を取り上げましたが、こういう祈りの場合は集団でやるほうが効果的です。

人間は個人として意識が独立していますが、スイスの心理学者ユングによれば、人間には意識の世界だけがあるのではありません。それ以外にも無意識の世界がありま す。集合的な無意識の領域では人々はつながり合っていて、元型的なイメージを共有しているといいます。

社会の大勢の人間が共通の意識を持ちはじめると、世の中全体が変わっていくのは、集合的な無意識がそうさせていると解釈することもできます。誰かのために祈るとき、同じ気持ちの人間が集まって祈りを捧げれば、その思いはより強くなるでしょう。誰かのために祈るときは、集団で祈るほうがよい理由は、これでおわかりになるはずです。

ただし、祈りの内容によっては、集団でやりにくい場合もあります。たとえば自分の娘がいつまでも独身でいることを心配する両親が、娘の結婚を心から願うというとき、集団で祈ることは馴染みません。

そういうときは、どうしたらいいでしょうか。愛や思いやりの気持ちを前面に出して祈るのがコツです。つまり、祈りの内容よりも愛や思いやりを優先させるのです。「早く結婚するように」ではなく、「愛する娘の幸せを願う」という祈り方です。

祈りには驚異的な達成能力があります。奇跡と言われる病気の治癒例などは、みんなその結果です。しかし一歩間違うと、念力や呪いの世界に陥ってしまう可能性がないわけではありません。ですから、「早く結婚するように」というだけの祈りだと、その念が通じてとんでもない相手と結婚する羽目になるかもしれません。

そういうことにならないために、他人のために祈るときは、愛や思いやりを持って「最善の人生」を願ってあげることです。自分自身の場合も同じで、やみくもに目的達成だけを祈っていると、見かけは望みが叶ったようで、後で「そんなつもりじゃなかったのに」と言わなければならなくなります。

私利私欲を超えた祈りの力

祈りの効用のひとつは、相手に知られずに祈っても効果があることです。子を思う親の真摯な気持ちがしばしば通じるのは、この効果と言うことができます。人生を良いものにしていくには、この祈りの特徴を生かすことです。たとえば、こういう例があります。

数年前に仲たがいした二人がいました。仮にAさんとBさんとすると、Aさんは仲直りをしたいと思うようになりました。しかし、自分から言い出してもBさんがどう答えるかわかりません。

そこで、AさんはBさんのために祈りました。「どうかBさんが幸せでありますように」という祈りをしばらく繰り返しました。それから、Bさんと親しくしている自分を想像してみました。こういう行為をずっと続けているうちに、AさんはBさんに電話をかける気になりました。

電話をかけて自分から謝ろうと思ったのです。電話の受話器を取ろうとしたとき、ベルが鳴りました。かけてきた電話の主は、何とBさんだったのです。このように思いが通じるということは、よくあることです。

相手に知られずに祈る効果というのは、意外に強いものなのです。別にこんな実例もあります。ある大学の先生の話です。

アメリカへ研究留学していた先生のもとへ、ある大学の教官にならないかという誘いがきました。研究が行き詰まっていた先生は、局面打開の機会と思って帰国し、その大学に籍を置くことにしました。

しかし、いざ来てみると、新設まもない大学で評判ももうひとつでした。それに加えて、雨が降ると、キャンパス内の道という道がぬかるんでしまうような状態です。

そこで、先生は一計を案じました。

「よし、創立10周年のときは『素晴らしい大学だ』と評価されるような研究を自分が成し遂げよう」と思ったのです。

10年後、先生は見事に国際的にも評価される研究実績を挙げ、大学の名を高めることができたのです。

これは何かというと、「大学を良くしよう」という先生の真摯な祈りが天に通じたということです。大学当局はもちろん、そんなことは知らなかったでしょう。しかし「良くしよう」という祈りにも似た高い志を持つ者がいることで、大学は本当に良くなっていった。相手に知られずに祈るということの効用が顕著に現われた一例です。

兄が遠く離れた妹のために密かに祈った例もあります。妹の病気を知った兄は、外国にいて見舞いにも行けませんでした。手術の結果次第では命の危険もありました。そこで、兄は全身全霊を込めて祈りました。

どういう結果が起きたでしょうか。妹が手術をする直前に再検査をしたところ、その病気は消えていたのです。医者は首を傾《かし》げましたが、何もしないうちに治ったのです。この事実から直ちに祈りの効果を言うのは、いささか早計かもしれません。しかし、世の中にはこういう不思議な現象があることだけは否定できません。

注目したいのは、このような祈りが双方の幸福につながることです。仲直りしたいと思ったAさんとBさんは、なぜか同じような思いになって、もとどおり仲良しになることができました。

学校の名声を高めてやろうと思った先生は、見事にその思いを達成させましたが、自分自身も評価されて、ますます充実した研究生活を送っています。妹の病気が治った事例も、兄妹ともに幸せになれたということです。

人はともすると、「してあげている」ことを強調しがちですが、祈りの世界で起きることは、そんなことはむしろしないほうが良い結果につながっています。人に知られない祈りというのは、私利私欲でない点で尊い祈りと言うこともできます。

祈りの遺伝子をオンにしたかったら、まず他人のために祈ることからはじめたほうがいいのかもしれません。こういう祈りをするとき、祈る側は自然に心の次元が高くなっていきます。本当の自分（真我）を開く祈りに入りやすいのです。

本当の自分を開く祈りは、実現します。その結果は、他人のためであっても、けっしてそれに留まることなく、必ず自分にも良い結果として戻ってくるのです。なぜなら、真我の祈りは常に「最適解」で、すべてに調和をもたらすからです。

ふつうはそう考えません。理性や教養のある人たちは、しばしばこう言います。

「他人に何かをしてあげるには、自分がまず力をつけなければしかたがないじゃないか」

それもひとつの道理です。しかし、そういう人に限って、人にしてあげられるような立場や境遇になっても、人のためにはしないものです。

そういう人は、なかなか祈りの働きを実感できません。むしろ、自分本位の考えや行動によって、しっぺ返しを受けることになります。そのしっぺ返しとは、自分が蒔《ま》いた種は自分が刈り取るということです。

「調和」を考えて祈る

ここで、「悪い祈り」の例題を考えてみましょう。たとえば、イラクの戦争に狩り出された息子の無事を祈るのは良いか悪いか。これは難しい問題です。戦場で戦っている兵士が無事に生還するには、ふつうに考えれば相手を殺すことを認めなければならないからです。

あるいは、暴力団が自分たちの組の繁栄を祈るとか、金庫破りが計画の成功を祈るような祈りは、どうでしょう。こういう祈りも認められるものなのでしょうか。そもそも、それは「祈り」と呼べるようなものでしょうか。

先にも述べたように、祈りは必ずしも中身には関係なく、祈りの真摯さによって叶うことが多いものです。その意味では、内容から見た良い悪いを論じてもしかたがありません。祈りの内容はひとまず括弧《かっこ》に入れておこうという議論です。

しかし、現実に息子が戦地に兵士として派遣されている母親は、息子の無事を祈りながら、心のどこかで息子の無事だけを祈ることに後ろめたさを感じています。そういう人たちに、回答を与える必要があります。結論として言えば、「それでいい」ということです。

子を思う母親の気持ちを考えれば、それはしかたがないことです。ただ、ひとつ覚えておいたほうがいいことがあります。それは「調和」ということです。世の中のすべては、宇宙の調和の中で成り立っています。地球上に住む私たちは、自然の法則からは一歩たりとも抜け出すことはできません。

特に生命というものは、調和によって成り立っています。だから、調和を乱すような発想や行動は、良い結果にはつながりません。調和につながらないような念力によって祈ると、たとえ一時的には順調に事が運んでいるように見えたとしても、最終的にはいっそう大きなツケを払うことになってしまうものです。

こういう悪い結果を避けるにはどうしたらいいのでしょうか。それには祈りの内容を調和型にすることです。たとえば、自分の息子の無事を願うなら、早く戦争が終わることを願うのです。そういう祈り方も人にはできます。でも、とかく近視眼的になって、自分の子どもの生還だけを願ったりしてしまうのです。

原則的には、あなたは自分が祈りたいことを祈ればいいのです。その場合に、必ず調和ということを考えるのです。調和を考えるとは、利己的な考えを捨てることです。

自分も良くなるが、同時に他人も良くなる、世の中の役にも立つ、という観点から祈りの内容を見ていけばいいと思います。そうすれば、悪い祈りはこの世からなくなります。世の中の平和は、そういう祈りの行動によってこそ実現できるのです。

こう考えると、本当は悪い祈りなどどこにもありません。ただ自我の欲望や執着が絡んだ願望が、まるで祈りのような顔で念力として現われているにすぎないのです。

「良い祈り」についても付け加えておきましょう。祈りには「請願・祈願」「感謝・報恩」「賛美・賛嘆」などがあると述べました。分類のしかたでは、それ以外にもいろいろあるでしょう。なかでも大半の祈りは、「請願・祈願」になっています。これまで触れてきた祈りのケースはほとんどそうでした。

人間には欲望がありますから、現世利益を求める祈りがあってもいいと思います。でも、祈りにはもっとレベルの高い祈りもあることを知っておく必要があります。

感謝・報恩の祈りはそういう祈りです。人からしてもらったことに恩を感じて感謝する。こういう祈りは、私たちが想像する以上に良い結果をもたらします。利己的な祈りと違っているからです。

利己的でない祈りは、祈る人の心を豊かにし、幸せを感じさせてくれます。また、感謝・報恩の祈りのできる人は、人間関係がうまくいきます。そのぶんストレスを感じることなく、満ち足りた気持ちで生きていけます。

たとえ人生でいろいろな不都合や不本意なことがあっても、それにとらわれることなく、いきいきワクワク生きられるのです。こういう人生がいかにプラスに作用するかを示唆する研究報告があります。

人生で苦悩している人、苦悩が少ない人、苦悩していない人と寿命との関係について調べたものです。この研究は、ボストンの大変有名なブリガム・アンド・ウィメンズ病院のジョルジュ・バイヤン博士が１９４２年から続けてきたものですが、それによると、２３０人の男性の75歳時点での死亡率は次のとおりでした。

苦悩していない人　５％
苦悩が少ない人　25％
苦悩している人　35％

この数字から、博士は次のように結論づけています。

「心理的苦悩のほとんどない安定した感情を維持する性格のほうが、運動や食習慣よりも身体的健康に役立つ」

ここで指摘されているのは、ヒトの寿命に関して言えば、ストレスのない生活を送ることが、運動や食事と同等かそれ以上に効果があるということです。祈りが心を安定させることを考えれば、祈りの効用をこれほど端的に証明したものはないと言ってもいいと思います。

苦悩を感じている人の死亡率が６割を超えるのに、苦悩を感じていない人は１割にも満たないのです。この数字を見て、「苦悩してないのだから当たり前だろう」「運がいいのさ」と考えてはいけないのです。

なぜなら、何十年か生きていれば誰でもわかることですが、人が体験する出来事はほとんど似たり寄ったりです。それでいて苦悩する人と苦悩しない人に分かれるのは、「苦悩にどう対処したか」という問題なのです。

最近の医学の研究でも、「ストレスがいかに良くないか」が盛んに言われるようになってきました。この点で、「感謝の祈り」は強力な味方になってくれるはずです。それどんなことにも感謝できる人、感謝の祈りを捧げる人は、苦悩を回避できます。それによって病気からも、人生のつらさからも解放されます。

もちろん、病気や不測の事態が起きないわけではありません。ただ、そのような事態から何かを学んで感謝できる人は、その事態そのものが、愚痴をこぼす教材ではなく、魂が成長する教材となるのです。ですから、どんな境遇にあっても、いきいきワクワクと生きられるのです。

いきいきワクワク生きるために祈る

次に、祈りがもたらしてくれるものについて、考えてみましょう。それは祈りに対する結果であり、祈りの回答ということです。

ひとつは自分の祈りが「いつも叶えられるというものではない」ことに注意する必要があります。合格祈願をして、勉強も一生懸命にしたのに、結果は不合格だった。こんな体験をすると、「祈ってもだめだなあ」という気持ちになると思います。

これなどまだいいほうで、次から次へと不幸が襲ってきて、「神も仏もないのか」と叫びたくなる人もいることでしょう。でも、結果からばかり判断してはいけません。そういう境遇になる人は、どこかで調和的でない考えに陥っているものだからです。

たとえば、ある人が好きで「結婚したい」と熱烈に思ったとします。「一念、岩をも通す」という諺を信じれば、この思いは熱烈に思い続ければ叶うことになります。

でも、それは間違いなのです。考えてもみてください。世の中でたった一人の人間を好きになって、しかもその人の気持ちを確かめもしないで、一方的に好きになって「結婚したい」と思うこと。この考え方はあまりにも調和が取れていません。

祈るときに大切なことは、「思いの真実性」ということです。たとえば、日本人の私たちが「アメリカ合衆国の大統領になる」といくら力んでみても、そんなことはできっこありません。できっこないことを望むのは、無謀というものです。

いくら祈りに奇跡を起こす力があっても、無謀なこと、周りと調和の取れないことは実現しません。祈りで病気がよく治るのは、人間が「生きている」ことは調和の実現そのものであり、病気とは心身の調和を乱した姿にほかならないからです。

病気平癒を祈るのは、どんな病気で祈ってもかまいません。しかし、「あの人と結婚する」というような願望は、少し考え方を変えなければいけません。

では、どう変えるのか。「あの人と結婚したい」ではなく「あの人のような人と結婚したい」にすればいいのです。この願望の中には意中の相手も当然含まれますが、このような願望を持って祈るなら、実現の可能性は大いに出てくるはずです。

実を言えば、心の奥にある本当の自分（真我）は、けっして調和の取れない望みなどは抱かないものなのです。にもかかわらず、わがままな自我は、無茶な調和の取れない望みを抱いてしまうのです。

祈りは、そういう誤りを正してくれます。とかく感情に支配されて忘れてしまっていたことを思い出させる効用が、祈りにはあるのです。私たちは生命の根源（つまり絶対者・超越者）とつながっているのに、それをふだんはすっかり忘れています。私たちは、肉体がある存在として、いずれ死ぬのにそれを忘れています。

正義も忘れている。感謝・報恩も忘れている。愛も忘れているし、思いやりも忘れている。誠意も忘れている。生きることに忙しいと、現実に振り回されて、そういうことになりやすいのです。祈りは、そんなあなたを進むべき道へ軌道修正してくれます。

祈りを請願や祈願だけに向けるのではなく、感謝・報恩に向ける。そういう気持ちになれば、祈りの効用はますます輝きを増してきます。そして、あなたの人生は幸せに満ちた有意義なものになるのです。

この章は、「自分のために祈るか、他人のために祈るか」というタイトルでした。賢明な読者はすでにおわかりでしょうが、自分のために祈るときでも、他人のために祈るときでも、いずれにしても、愛と調和の心で祈ることが大切なことなのです。

そのような祈りを続けることで、自分のための祈りも、他人のための祈りも、もっともっと大きな生命のつながりの中に吸収・昇華されていって、本当の自分（真我）や本当の他者（真我の他者）が開かれてくるのを実感することでしょう。「祈る」ことが「いきいきワクワク生きる」ことになるのは、当然のことなのです。

祈りは生命をその根源から生きることですから、自分のためも他人のためもありません。もともと生命はひとつにつながっているのです。

祈りによって、宗教と科学は再会する

この章の最後に、「宗教と祈りと科学」の問題について述べておきましょう。

今、宗教者は、科学の進歩が心の世界に入ってきたため、これまでのような宗教の

世界にのみ専念していては、やっていけなくなりました。その意味では、宗教者といえども、科学の知識はある程度は必要になってきています。

一方、科学者のほうも、宗教は自分たちの世界とは馴染まない別世界の話と無視していられなくなっています。現代の自然科学のルーツがキリスト教的な一神教の世界にあったというだけではなく、本書が話題にしているような祈りや心の世界の救済にもっぱら関わってきたのは宗教だからです。

では、こうした宗教と科学との関わりの中で、祈りはどのように位置づければいいでしょうか。まず言えることは、宗教と祈りは区別して考えたほうがよいということです。もちろん、宗教の祈りをしても何ら不都合はありませんが、祈りの世界は無神論者や唯物論者にも開かれていることを認めなければなりません。

宗教と科学の関係については、とても興味深い対話があります。それはノーベル物理学賞を受賞された小柴昌俊《こしばまさとし》先生がダライ・ラマ14世と対談したときのものです。

まず、小柴先生がこう言いました。

「仏陀が生まれて2500年、キリストが生まれて2000年、それなのになぜ戦争がなくならないのですか。これはもしかすると一神教の宗教に問題があるのではないですか。自分たちが正しく、よそのところは正しくないと言えば、正しくない奴は潰《つぶ》してもいいということになります。宗教が戦争を起こした例もあります」

ダライ・ラマ14世はこう答えました。

「私はそうは思いません。キリストもムハンマド（マホメット）も孔子も仏陀も素晴らしい。それを信じている人が自分の集団、自分の民族、自分の国家の都合のいいようにやるからまずいのです。すべての教えは、共通している何かがあります。それがある限り、人類は連携してやっていけるはずです」

ダライ・ラマ14世は、一神教に戦争の責任を押し付けることなく、同時にサムシング・グレートの存在を認めています。

ダライ・ラマ14世はこう続けました。

「ビン・ラディンもこの時代にあの国に生まれなければ、テロリストにはなっていないでしょう。みんな神の子だから、神や仏になれる可能性を持っているのです」

宗教の違いを認めたうえで、宗教同士が連携すると同時に科学とも手を携えていけば、この難局はきっと乗り切れるというものでした。

たしかに、人は誰もが遺伝暗号では99・5%同じなのですから、みんながその気になって平和の祈りを捧げれば、世の中はたちまち平和になることでしょう。でもそういうことは、以前からも言われてきたことです。

残念なことに、現在までそのための道筋が見当たりませんでした。しかし、この道は遺伝子レベルでの祈りの研究が切り開く可能性があると思っています。人は特定の宗教に関係なく、自然本性としてもともと祈る存在です。本来、祈りは身についているのです。遺伝子に刻み込まれているはずなのです。

だから、科学がこれまで視野に入れてこなかった祈りの研究を、最先端の遺伝子レベルで探っていけば、そこから心や魂のこともわかるのではないでしょうか。わかったことを科学と宗教が共有財産にして、人類の未来について一緒に連携して考えていくのです。

そうなれば、もう宗教と科学の垣根はなくなってしまいます。そのためにまずしなければいけないのは、祈りの科学的レベルでの数値化だと思います。すでに笑いの遺伝子については、その変化を遺伝子レベルの数値で捉えるのに成功しています。そのための手法も開発されました。この手法を使って、さまざまな祈りの反応や変化を数値化すればいいのです。そのためには、宗教側の協力も必要になってくるでしょう。

こうして、祈りの影響を科学的に裏づける証拠が出揃って、広く人々に知られるようになれば、それは宗教と科学が再会するひとつの契機となるばかりでなく、人類の遺伝子に刻印された祈りという聖なる営みに、宗教と科学の双方から新たな光を当てることになるのではないかと期待されます。

私たちの祈りの影響に関する科学的研究は、けっして反宗教的なものではありません。私たちの研究の根底にあるものは、愛や感謝、思いやりに溢れた平和の祈りであると言っても過言ではありません。サムシング・グレートに対する感謝の気持ちこそが、この研究を推進させているのです。

第五章

どうすれば上手に祈れるようになるか

私たちは困難な事態に遭遇したとき、そこからの脱出を願って祈らずにはいられません。「神様、仏様、助けてください」と、心の底からそう思います。

しかし、その願いが叶えられるとは限りません。そこでこの章では、実際に効果的な祈り方について考えてみたいと思います。どうすれば上手に祈れるようになるのでしょうか。

祈りの姿勢、祈りのとき、祈りの言葉、祈る場所、上手な祈り方などについて、ごく簡単に説明しておきます。

■祈りの姿勢■

どんな姿勢で祈ればいいか

まず最初に、「祈りの姿勢」について見ていきます。キリスト教徒などが行なう祈りでは、ひざまずく姿勢がよく見られます。イスラーム教徒はまた違った姿勢ですが、定型化された姿勢、祈りの形があることは確かです。

仏教でも同じように礼拝の形というものがあって、静かに眼を閉じて合掌します。

宗教は長い歴史の中で、祈りの姿勢をさまざまに工夫し、それが伝統として引き継がれています。

心をととのえるには、まず身をととのえなければなりませんから、そうした形を学ぶことは大切なことです。坐禅《ざぜん》の場合は、たとえば座して半眼に構え、視線を前に落として、臍下丹田《せいかたんでん》に息を集めるなどの方法があります。

祈りでは呼吸法がとても大切です。呼吸をととのえることで、気分が落ち着き、良い祈りの態勢に入れるからです。身体の姿勢をととのえることを調身、心をととのえることを調心、呼吸をととのえることを調息と呼んでいます。

臍下丹田に意識を集中させる方法とよく似たものが、東方正教会に伝わるヘシカスム（静寂主義）という祈りの伝統の中にあります。これは臍《へそ》を見つめて祈るという独特の方法をとるものです。

このほか眉間や心臓に意識を集中して、祈ったり瞑想をしたりする方法もあります。身体の特定の部位に意識を集中させると、心がととのうだけでなく、それにつれて、身体のほうにも良い影響が及んでいきます。意識を集中させる部位は、基本的には生命エネルギーが出入りするセンターと考えられているところです。

祈り方は宗教によって実にさまざまですが、どれも長い時間をかけて工夫が施されていますから、少数の例外を除いて、祈りをするのに自然な姿勢になるわけです。けっして、いいかげんに扱ってはいけないものです。神社での参拝のしかたは、ご存じのように、二礼二拍手一礼がもっとも一般的です。

数ある宗教で祈りの形のない宗教はまずありません。しかし、一方で宗教に関係のない人たちの祈り方を見てみると、人それぞれ、違った祈り方をしています。これではたして、祈りの効果はあるのでしょうか。祈るときには、やはり姿勢を考慮したほうがいいのでしょうか。

この問題はそう難しく考えないことです。祈りは心の姿勢の問題ですから、その心や気持ちの大きさや切実さから、自然に形は決まってくるものです。ですから、特定の宗教に制約されず自由に祈るときは、原則としては自分の心に任せればいいのです。

ただし、超越者に向かって真摯に何かを頼む、あるいは感謝の気持ちを表わすと言うとき、寝そべったりする人はまずいません。背筋を伸ばし正面を向いて手を合わせるとか、ひざまずいて頭を垂れる、といった姿勢に自然になるものです。

とは言っても、仮に寝そべって神様や仏様にお祈りしたとして、その祈りの効き目がないということを証明することはできません。もちろん、それは非礼ですから、いい効果を生む可能性は少ないだろうと想像はつきます。宗教の立場からすれば、そんなことは認めないし、信者の人たちもしないはずです。

しかし、自由な祈りにおいては、あくまで自分が納得できる姿勢をとれば、それでかまいません。

なぜ、そのような自由を認めるかというと、こだわりはじめると弊害も出てくるからです。

宗教には守るべき戒律がいろいろあって「聖地に向かって一日に何回祈らなければならない」とか、「牛や豚を食べてはいけない」とか、「ああしなさい、こうしてはいけない」など、私たちの行動をさまざまに規制します。

それぞれ理由があってのことですが、祈りの姿勢でこれを言い出したら、それこそ際限がありません。たとえば、何かの事情でその姿勢がとれない人がいたら、どうなるのでしょうか。祈りが無効になるのでしょうか。安心してください。サムシング・グレートはそんなに非情ではないはずです。

私たちが自然にとる姿勢には、文化の性格や人間の姿形が大きく関わっていると思われます。人間は、天を仰ぎながら地を踏んで直立二足歩行をしていますが、日本の文化には正座が行住坐臥《ぎょうじゅうざが》（日常の立ち居振る舞い）の原点だと見る伝統もありました。

ですから、祈りの姿勢は伝統や風習も影響を与えています。伝統がないと、その姿勢に馴染めないということがあるのです。イスラーム教徒が少ない日本の社会では、彼らの平伏した祈り方に違和感を覚える人もいるでしょう。

また、チベット仏教ではお坊さんだけでなく、一般の人たちまで五体投地という姿勢をよくとります。地べたに身体を投げ出して祈るやり方は、初めて見る人には大きなショックを与えることでしょう。

チベット仏教ではふつうに取り入れられていますが、日本ではめったに見られません。こういう違いを見て、「ああだ、こうだ」と言い出したらきりがなくなります。事情をよく知らずに話題にしてこじれたら、それこそ争いのもとになってしまいます。

これは余談ですが、キリスト教の宗教改革の発端になったのは免罪符です。免罪符を購入すれば、祈らなくても罪が許されるというのです。免罪符は祈りの省略を認めたのです。それに真っ向から反対したのが、ルターだったわけです。

こういう類の論争は宗教の内部ではよく起こりますが、今、私たちが問題にしている祈りとは直接関係がありません。

私たちはもっと自由に祈りを考えればいいのです。祈る姿勢は、自分の心に聞いてみるだけで十分です。姿勢は正さないよりは正したほうがいいに決まっています。そのほうが祈りやすい。でも、それにあまりこだわる必要はない、ということです。

■祈りのとき■

いつ祈ればいいか

次は「いつ祈るか」という祈りの時間の問題です。キリスト教では「絶えず祈りなさい」と勧め、仏教でも「専修念仏《せんじゅねんぶつ》」と言っています。このように、宗教では「いつでも祈る」ことを勧めますが、宗教から離れた自由な祈りでも、これが原則になります。

「祈ることは生きること」という観点から見れば、「いつでも祈る」ことは当たり前のことなのです。いわゆる宗教者とは、そういう生活をみずから選んだ人たちです。私たちの生活も、生活全体を祈りの世界にしてしまうのが一番理想的です。

しかし、一般の人にそういう生活を勧めるとなると、「それは極端すぎる」と感じる人が多いことでしょう。たしかに、これだけ祈る習慣が希薄になってしまった日本では、そう感じる人がいても不思議ではありません。

でも、一昔前の日本人の生活には、祈りが浸透していたことを忘れてはいけません。朝目覚めると、仏壇や神棚に朝の挨拶をし、水や花を取り替えていました。朝ご飯ができると、真っ先に仏壇、神棚に供えたのです。ご飯を食べるときは、家族一同が揃い、こうして無事にご飯が食べられることを感謝して食べたものです。

そもそも、「食べる」とは、生きる糧を神様や仏様から「たまわる」ということで、単に食料を口に運ぶ「食う」とは、意味が全然違っていたのです。

夜寝るときは、仏壇に手を合わせました。一日のスケジュールの節々に祈りが入っていたのです。また、子どもの教育をするときに、感謝すること、愛や思いやりについてきちんと教えてもいました。

生活に密着した方法で、祈りの教育が行なわれていたのです。もちろん、そういう生活をしている人は今でもいるでしょうが、数はうんと少なくなっていると思います。

いつでも祈れるのですから、本書によって「祈りの効用」を理解されたら、ぜひ祈る習慣を取り戻してもらいたいものです。多くの日本人が祈る生活を取り戻せば、現在、日本人が抱えているさまざまな悩みや不安、問題の大半は、氷が解けるように解決していくに相違ありません。

ところで、祈るのはいつでもいいのですが、人間にはバイオリズムがありますので、それが自然のバイオリズムと共鳴する「祈りどき」とも言える時間帯があることはあります。

一番いいのは「日の出前」です。日の出前と言っても、午前5時前から7時前までの間です。一日のうちで太陽から放射される生命エネルギー（プラーナ、氣《き》）の密度がもっとも濃くなる時間帯が、この「夜明け」「あかつき」あたりだと言われているのです。何となくわかる気がしませんか。

深夜も2時、3時になると、さすがに起きて活動している人は少なく、世の中全体が静まりかえります。午前3時半か4時ごろのある時点を過ぎたとたんに、それまでの夜の鈍重な空気が新鮮な空気に入れ替わったようで、何か清々しい気持ちになるのです。世の中の波動が、一瞬のうちに刷新されたような気分になります。

そういう時間帯に祈る習慣をつけると、直観力が冴えて、ひらめきを得る感度が良くなるはずです。ヨーガなどでは太陽礼拝を呼吸法と合わせて行ないますが、民間の習俗としても、朝日を拝む「お日待ち」のような行事が残っている地方もあります。

もうひとつ、祈る習慣を身につける意味でいいのは「就寝前」です。これから寝るという直前、くつろいだ気分で、一日を振り返り、無事過ごせたことを感謝します。

その日一日、いろいろなことがあったでしょうが、ともかくも感謝の気持ちで締めくくるのです。そうすると、翌朝の目覚めに変化が生じます。不思議なことですが、爽快《そうかい》な気分で目覚めて、前日の疲労やストレスを持ち越していないのです。

「日の出前」や「就寝前」の時間帯がいいのは、たぶん地球の自転が生み出す昼夜のリズムと人間の生活のリズムが共振し合って、そこで意識の波動調整が自然に巧《たく》まずに行なわれるからでしょう。

このことは脳波を調べてみるとわかります。脳波は5種類に分類されます。昼間目覚めて考えたり、ふつうに活動しているときの脳波をベータ波と言います。私たちの生活のほとんどは、ベータ波に支配されていると言っても過言ではありません。

この脳波のとき、脳内では人を活動的にさせるホルモン（アドレナリン、ノルアドレナリン）が出ています。このホルモンのおかげで、私たちは一定の緊張を保ちつつ、さまざまな日常活動をこなしているわけです。

ベータ波の緊張は中位の緊張ですが、さらに緊張するとガンマ波になります。怒りや苦痛、強いストレス状態のときがそうです。このとき、脳内にはアドレナリン、ノルアドレナリンがどっと分泌されます。

一方、昼間でも休憩したり、ゆったり食事やお茶をするときは、脳波はアルファ波に変わります。アルファ波になると、ベータエンドルフィン、エンケファリンなど心地よくさせるホルモンが分泌されます。

眠る直前のくつろいだ状態はだいたいアルファ波ですが、さらにゆったりすると、脳波はシータ波に移ります。シータ波は夢うつつ状態で、寝入りばなや起きる直前に夢を見るのは、シータ波のときです。そして眠ると、デルタ波に変わります。

脳波に関しては、それほど深くわかっているわけではありません。頭皮に張り付けた電極の電位差から脳波を測定することで、精神活動を推し量っているにすぎません。しかし、くつろぎ系のアルファ波、シータ波、デルタ波の状態になると、どうやら人間の生命活動にプラスの影響を与える何事かが起きていると推測できるのです。

なぜかと言うと、この状態で不思議現象がよく起きるからです。たとえば、前触れもなくアイデアがひらめいたり、予想外の決断ができたりします。カンの冴えのようなものは、この系統の脳波と深い関係がありそうなのです。「変性意識状態」と呼ばれる意識（人格）の変容が起きるのは、このシータ波が出ているときだ、と指摘する研究者もいます。

明け方と就寝前は、そのようなアルファ波、シータ波になりやすいのです。ですから、その時間帯には、たしかに何かが起きるのです。

いつ祈るかは自由であって、祈るときはいつでもいいのが原則です。祈りに習熟してくると、仕事中や移動中に祈ることも簡単にできるようになります。そのうちに、何か行動をはじめる直前とそれが終わった直後に、瞬間の祈りができるようにもなるでしょう。さらに、一息一息、呼吸するたびに祈れる人は、もう祈りの達人と言うほかありません。

■祈りの言葉■

どんな言葉で祈ればいいか

次に、「祈りの言葉」について考えてみましょう。これに関しては、宗教の祈りの言葉が参考になります。

どんな宗教にも決まった祈りの言葉があります。たとえば、キリスト教の「主の祈り」というのは、信者でなくても言えるほど有名です。

天にましますわれらの父よ
願わくば御名の尊まれんことを
御國の来たらんことを
御心の行なわれんことを……。

キリスト教には、もうひとつ「ロザリオの祈り」という数珠《じゆず》を使った祈り方もあります。こちらの祈りの対象は聖母マリアも加わるので、祈りの言葉も多少異なってきますが、いずれにしても定型の言葉があります。

どちらも祈りの言葉としてはけっこう長いものです。短いものでは「キリエ・エレイソン」（主よ、われを憐《あわ》れみたまえ）というのがあります。イスラームでは「ラー・イラーハ・イッラッラー」（アッラーの他に神なし）、仏教では「南無阿弥陀仏」「南無妙法蓮華経」などの念仏や題目が知られています。

祈りの言葉というのは、定型化された長いものから、一言ですむ短いものまでいろいろありますが、繰り返し唱えるという観点から、祈りやすくて、自分にぴったり合った短い祈りの言葉を工夫してみるのもいいと思います。

言葉には言霊《ことだま》が宿っていると言われており、祈りの言葉を唱えること自体に、不思議な霊力があると考えられています。「ありがとう」と言えば、「ありがとう」の世界が現われ、「ばかやろう」と言えば、「ばかやろう」の世界が現われます。言葉には世界を創造する働きがあるということが、いつの時代からかすっかり忘却されたようです。

自由な祈りの場合は、短い言葉の繰り返しが効果的です。年の初めに、「今年は飛躍の年」などと一年の計を立てることがあります。この種の短い標語も、自由な祈りでは「祈りの言葉」の列に加えてもいいかもしれません。

かつて、巨人軍の長嶋茂雄終身名誉監督は、「スピード・アンド・チャージ」や「メイク・ドラマ」など和製英語まじりのキャッチフレーズを上手に作っていました。シーズンが終わってみると、本当にそのとおりになっているから不思議なものです。

これも何度も唱えるうちに、言葉が威力を発揮して実現したのかもしれません。似た経験は、私たちもしているはずです。それは「口ぐせ」です。試しに誰かの口ぐせをチェックしてみてください。きっと口ぐせどおりの人生を歩んでいるはずです。「ああ、ツマンナイ」が口ぐせの人は、つまらない人生を送っていることでしょう。「人生っておもしろいな」が口ぐせの人は、人生を楽しんでいるはずです。「私ってだめだな」が口ぐせなら、その人はきっとだめな自分ばかりを引き寄せているでしょう。

祈りを確実に実現するには言葉が不可欠です。自分の願いや感謝の気持ちをはっきり言葉にして、機会あるごとにそれを意識化しましょう。それは祈っているのと同じですから、そのとおりになっていくのは当然です。

なぜだと思われますか。自分が発する言葉というのは、誰に向けられたものであれ、最初の聞き手は自分だからです。

絶えず自分の耳から入ってくる言葉は、呪文のように心の中に響いて、その実現に潜在能力を働かせるのです。だから、悪い口ぐせは直さなければなりません。不吉な言葉や不調和な言葉は、できるだけ控えたほうがいいのです。

それが自分に向けられたものでなくても、第一の聞き手は自分だということを忘れないようにしましょう。これは口ぐせのような短い言葉だけでなく、話題にする事柄や考え方のくせについても同様です。

たとえば、自分が憎んでいる人のことを、誰かに絶えず悪く言うとします。関係ない他人の悪口やゴシップを聞くのは、なぜか楽しいですから、相手はおもしろがって聞いてくれるかもしれません。

でも、そのたびに、あなたは憎んでいる人の顔や態度や行状を思い出して、不愉快になります。そして、その人の悪口を一番よく聞いているのは、何と自分なのです。

自分が憎んでいる人に、自分の時間をたくさん費やすのは、よほど馬鹿げています。

しかし、そういうことをしている人はけっこう多いのです。祈りの原則から言えば、そのような態度はマイナスになることはあっても、プラスになることはまずありえません。

祈りによって、良い効果を得たいなら、知恵を振り絞って、自分にぴったりのキャッチフレーズを拵《こしら》えればいいでしょう。できるだけ唱えやすい短い言葉、それも誰もが納得するような言葉が理想的です。

先にも述べましたが、祈りの言葉には思考の無駄を省き、思考を節約する経済的な効果もあります。あれこれ思い悩むよりも、まず祈りの言葉を口に出すのです。そうすれば、さまざまな思い煩いは祈りの中で自然に解消されます。

できれば、その祈りの言葉をパソコンを使ってラベル化し、手帳とかカバンとか、部屋の壁とか、寝室のスタンドの脇とか、目につくところに貼っておきましょう。

祈りの言葉を作るとき、気をつけるべきことをひとつアドバイスしておきます。あいまいな言葉にしないことです。祈りのパワーが弱くなってしまうからです。

具体的に言えば、「……にするつもりです」「……ではないかと思います」といった言葉遣いをしてはだめです。あくまで断定的に言い切ること、つまり宣言することが大事です。宣言とは、祈る事柄がもう実現したこと、完了したことを意味します。これから実現するのではなく、すでに実現したというのが宣言の本質です。

以上が、自由な立場で祈りの言葉を唱えるときのコツです。

■祈りの場所■

どこで祈ればいいか

それから、「祈る場所」についても述べておきましょう。これはもう予想がつくと思いますが、自由な祈りでは、祈る場所は問いません。「いつでも、どこでも」が祈りの基本です。

自分の身体のあるところが、いつでも祈る場所ということです。ただし、場所を決めてはいけないという意味ではありません。祈るのにふさわしい場所があるなら、そこに決めるのも、祈りを定着させる有効な方法となります。

夜、眠る前に祈る習慣をつけようというのであれば、寝室を祈りの場所に決めるといいでしょう。その場合、できるだけくつろげる空間にすることが大事です。小さな本棚を用意したり、照明の工夫をしたり、祈りの言葉のラベルを目につくところに貼ったり、さまざまな工夫をして、楽しくくつろげる空間にすることです。早くその部屋に行きたくなるような演出が望まれます。

それから、人によって異なるかもしれませんが、そこは一人で過ごせる部屋であるほうがベターです。夫婦で仲良く祈れるなら別ですが、そうでない場合は、単独で祈る場所を設けたほうがいいでしょう。

ふつうは自分の家が一番くつろげる場所ですが、外国と比べてスペースの狭い日本の家屋構造では、いろいろな工夫をしなければ、自分のための祈り空間はなかなか確保できません。

家の構造も時代の変化が反映されますが、かつて和室には「床の間」という聖なる場が設けられていました。そこが家屋全体の中心でした。床の間は神様が降臨する座であると同時に、人が寝床を敷いて夢を見る場所でもあったようです。古代にはその夢見の占いによって、皇位継承問題を解決することもあったほどです。

不幸にして、寝室や書斎が自分の祈りの場としてふさわしくないときは、どうしますか。がっかりすることはありません。公園のベンチでも美術館の休憩室でも、あるいは喫茶店や酒場の片隅でもどこでもいい。自分が一人になって、考えごとをしたり、心を解放させられる場所があるなら、そこは立派な祈りの場所になりえます。

神社、寺院、教会、モスクなどは、祈りのための宗教施設です。そこへ行くと、たしかに人々は祈る気になります。自由な祈りにもそのような場所は必要かもしれません。

この「いつでも、どこでも」という自由度が、自由に祈れる立場の人から、祈る行為を奪っているのかもしれません。無限定の自由が、かえって何もしない思考習慣を作り、人々を祈りから遠ざける一因になった可能性もあります。

ここでしか祈れない、今しか祈れない、という枠をはめられると、人は祈りはじめるものです。人の心は絶対の枠をはめられると、従順に従う気持ちになります。そのように遺伝子がオンになる、こう考えられるのです。

このことに関連したひとつのエピソードを紹介します。19世紀の中ごろの話です。

ヨーロッパで医学を修得した優秀な医師が、インドで治療をしていました。貧しいインドでは近代医学の医者が少なく、彼はたった一人で、今なら総合病院に匹敵する広範囲の治療を行なっていました。

当然、外科手術も行なわれましたが、驚いたことにガンの摘出手術から手足の切断まで、すべて麻酔なしで行なわれていたのです。当時は、今と違って麻酔技術が未熟でしたし、あったとしても、貧しい病院では使うことができなかったのでしょう。

さらに驚くのは、麻酔なしの手術でも、患者から不安や恐れの声も出なかったことです。そこにどんな魔法があったかというと、医師は催眠術を使って「痛くない」という暗示を与えていたのです。

それにしても不思議なのは、その医師の手術を受けた人の術後死亡率が驚くほど低かったことです。手術中に死んだ人はいなかったといいます。現代の医学の常識からは、とても信じられないような出来事です。

しかし、私たちが信じられないのは、今では手術に麻酔を使うのが常識と知っているからで、一切その手立てがない環境に置かれたら、人の心はそれに順応するだろうということは容易に想像できます。

その病院へ来た患者たちは、そこへ来ただけで、もう心理的には治癒に向かっていたのではなかったでしょうか。その場所に来て、信頼できる医者に診てもらえる安心感が、どれだけ治癒に好影響を与えたか計りしれません。

他に選択肢がないという切羽詰まった状況は、「火事場の馬鹿力」に似ています。そうなると、人間の秘めた能力が全開します。それがどうも遺伝子の働きと関係があるらしい、と現代人は気づきはじめました。

この病院でなら麻酔なしでも痛くない、病気もきっと治る、という気持ちに患者がなっていたのでしょう。催眠術をかけたということですが、病院へ到着したときから、患者は進んで催眠術にかかっていたようなものです。麻酔なしで痛くないというのは、痛覚が鈍くなるからです。その病院へ来た患者は、「麻酔なしでも痛くない」ように遺伝子オンがあったのだと推察されます。

「そんなに都合良くいくはずがない」と思う人は、再度あの素潜り名人の快挙を思い出してみてください。マイヨールの肉体では、ふつうは絶対に起きない生理的変化が確実に起きていました。インドの病院で起きたことを「ありえない」という人は、人間の持つ潜在能力の高さ、遺伝子の力を見くびっているにすぎません。

■祈り方のコツ■
どうすれば上手に祈れるか

祈ることは誰でもできます。しかし、誰でも上手に祈れるかというと、そうとも限りません。そこで次に、「祈り方のコツ」について考えてみましょう。

まず第一にくるのは、「祈りの内容を限定してしまわない」ことです。ここで言う限定とは、先に「この人と結婚する」と決めるのが良くないと述べましたが、そういう意味です。

なぜ良くないのか。実現する可能性が限りなく低いことを望んでいるからです。世界中でたった一人の人にターゲットを絞るのは、ほとんど無茶です。そうするのは勝手ですが、もしその人が死んだら、それでおしまいです。

死ななくても、断られたら終わりです。そういう望み方ばかりしている人が、「人生うまくいかない」と嘆いています。うまくいかない選択をしているのですから、うまくいかなくて当然なのです。

また、そういう人に限って、「望みは曲げない」とがんばる傾向があります。もし判断が間違っていたら、どうするのでしょうか。

遠くから見て「この人が素敵だ」と思うことはよくあります。そういうとき、心の中で何が起きているか。自分なりの「その人のイメージ作り」です。こういう人だろう、ああいう人だろう、と自分で想像をめぐらせ、その想像した人物像に憧れてしまうのです。

だから、憧れの人と付き合いはじめて、「そんな人とは思わなかった」とがっかりするケースが、山ほどあるわけです。「この人と結婚する」には、こういう怖さがあります。

ところが、「この人みたいな人」になると、中身がまるで違ってきます。自分の想像で作り上げたものですから、そのような人が現実にいたら十分満足できます。また、それに近い人なら、少し視野を広げてみれば、見つかるものです。つまり、実現の可能性はかなり高いのです。内容的にも満足できることでしょう。

第二に、「祈りの内容を明確にする」ことです。「……であってほしい」というようような言い方ではだめです。あいまいな願望には、あいまいな結果しか期待できません。あいまいな結果とは、結局祈りが叶えられないということです。

では、祈りの内容を明確化するとは、どういうことか。まず、その内容を「言葉にする」こと、そして「期限を区切ってしまう」ことです。言葉化することで、祈りの内容がよりいっそう明確になり、現実化へと方向づけられます。

また、期限設定は、ちょうど農作物に収穫時期があるように、祈りについても、それを取り入れる時期をあらかじめ決めておくわけです。そうすれば決着がつきやすく、先へ進みやすくなるのです。

第三に、「感謝の祈りを忘れない」ことです。とかく人は請願や願望の祈りばかりしますが、一方で同時に「感謝の祈り」もする必要があります。こう言うと、「願いが叶ったら感謝するけど、まだ叶っていないから」と答える人がいます。

それは大きな間違いです。感謝は願いが叶えられたからするというものではなく、自分がそのような願いを祈れる立場にあること、もっと言えば、自分が今こうして生きていることへの感謝ということです。

そのような生命エネルギーを根源からいただくことの感謝をサムシング・グレートに向けることによって、初めて自分の祈りも叶えられると考えるべきです。「感謝しなさい」と言うと、「何に？」と言う人が少なくありません。それではとても祈り上手にはなれません。

第四に、「他人のマイナス意見は取り合わない」ことです。これはどういうことかというと、たとえば「私はこんなお祈りをした」と誰かに話したとすると、たぶん9割方は否定的な答えが返ってきます。

「そんなこと無理だろう」。人のこういう意見を聞くと、気分は萎《な》えてきます。祈りは継続して行なうのがいいのに、やりにくくなるのです。人から言われて祈りをやめるケースは、意外と多いのではないでしょうか。他人が下すマイナス意見は聞き流しましょう。そう、それに左右されるのではなく、右から左に受け流すのが一番です。

第五に、「祈り続ける」ことです。どんなに立派なことを祈っても、続けなければ効果は現われません。昔から「継続は力なり」と言いますが、本当にそうだと思います。

継続できない理由は、疑念や迷いが生じたか、切実でなかったか、怠けぐせか、忙しすぎたか、いろいろあるでしょう。しかし、継続しないのは、もっとも潜在能力を引き出せないやり方です。言葉を換えれば、遺伝子オンからは縁遠いのです。

以上、上手な祈り方のコツを5つ挙げました。まだほかにもありますが、とりあえず、この5つを守ってみてください。それだけで、見違えるように祈り方、つまり生き方がしっかりと明確になり、生活のブレが修正しやすくなるはずです。

もう一点、祈りのコツをお話ししましょう。それは祈りだけではなく、人生万般にわたって当てはまることですが、とにかく「楽天的に生きる」ことです。

世の中には苦労に苦労を重ねても、良い結果があまり得られない人がいるかと思えば、いいかげんに生きているようで、次々と願いが成就している人がいるものです。

人はそれを運と呼びますが、運は自分で作り出すもの。運のいい人に共通するのは、楽天的に生きるという姿勢です。

楽天的に生きるとは、別に人生を軽く見ることではありません。むしろ逆で、深刻な事態でも明るく前向きの姿勢を失わないことです。「サラリーマンは気楽な稼業ときたもんだ」という歌の文句も、十分に納得できることです。人生の3分の1は、寝て暮らしているのですから。

病気というのは、悪い遺伝子がオンになった状態と考えられます。ガンはガン促進遺伝子が活発に働いた結果、起きていることです。身体の中にはガン促進遺伝子だけでなく、ガン抑制遺伝子も備わっています。

ふつうは、それがきちんと働いてくれるのです。それが、なぜか悪い遺伝子のほうがオンになって、正義の味方のはずの抑制遺伝子がオフになってしまう。これを逆転させれば、ガンなど自然に治ってしまうのです。

楽天的な生き方が与えてくれる最大の恩恵は、ストレスの悪影響から逃れられることです。私たちは笑いの遺伝子の研究で、糖尿病患者のみなさんに協力してもらって、血糖値の変化を見ましたが、それとは別に「DNAチップ法」という検査方法を用いた遺伝子の実験も小規模ながら行なってきました。

この検査方法を使う実験で、笑いによってオンになる遺伝子47個、オフになる遺伝子8個が見つかりました。

そこで個々の遺伝子を探ってみると、動きが活発になった遺伝子は、いずれも免疫向上に重要な役割を果たしているものでした。活動が鈍ったのは、糖尿病による臓器疾患に関係する遺伝子でした。

DNAチップ法を使えば、笑いだけでなく、感謝でも祈りでも、どんな遺伝子がオンになり、オフになるかがわかります。この種の研究はまだはじまったばかりですが、今後研究が進めば、楽天的な生き方がどれだけストレス解消に寄与するかも数値的に説明できるようになるかもしれません。

現在はまだ解明されていませんが、楽天的に生きることの有利さは、すでに長寿者の生き方からも想像できるものでした。

100歳の長寿者と言えば、それだけで生き方の名人と呼んでいい人たちです。どんな生活をしてきたかという質問の回答結果から共通項を挙げると、以下のようになります。

①くよくよしない
②食事に好き嫌いがない
③好奇心が旺盛である
④身体をよく動かす

ここから浮かび上がってくるのは、いつも下を向いて悩んでいるような、陰気な人柄や性格ではありません。前向きで明るく元気が良く、活発に行動する、人との付き合いもうまくできるような人たちです。

今、１００歳以上になられた方は、戦争の世紀を潜《くぐ》り抜けてきた人ばかりです。戦後生まれの人よりもはるかに困難な時代を経験していて、ストレスも多かったはずです。それを乗り越えてきた人には、特有の楽天的な性格が身についているように思います。

楽天的な人、立ち直りの早い人は、過去の嫌なことが忘れられる。この忘れられることが、人生を気楽に生きるポイントのひとつなのです。過去の嫌なことは、さっと忘れましょう。それができない人は、思い出したときに、それを祈りの中に放り投げて解消させましょう。また、将来への不安に関しても、深刻に心配することはありません。

もう終わった過去に思い悩む「過ぎ越し苦労」、これから起きる将来に思い煩う「取り越し苦労」、いずれも「今」を生きてはいません。「今」がおろそかになっています。

「今」を充実させるには、生きることの原点に戻って、この息（呼吸）を深めることです。応急措置として、深呼吸を数回繰り返す。そうすると、不安や心配は自然に消えるものです。

ただし、生きている限り、不安や心配はつきものです。そのような思いをつかまえていては、その状態から解放されることは原理的にありえません。思いをつかまえているぶんだけ、当人には現実に実体視されるからです。では、どうすればいいのでしょうか。

どんな境遇、どんな状態にあっても、一番いいのは、明るく前向きな気持ちで「感謝の祈り」を続けることです。感謝とは、自分が置かれた状況を受け止め直し、宇宙や世界の中での自分の位置を再確認することです。そうすると、心の底から「有り難く」思えるものです。細胞一個が生まれる「有り難さ」を、世界的な進化生物学者の木村資生《きむらもとお》氏は、一億円の宝くじが連続して百万回当たるような確率に匹敵する有り難さだと指摘しています。人間にはそのような細胞が60兆もあるわけです。

気持ちの切り換えができないときは、一度でいいから、とにかく祈りの言葉を口に出すことです。祈りの効果はてきめんです。

そして、大いに笑うことも取り入れるといいと思います。笑いが免疫能（自然治癒力）を高めることは、医学的に実証されています。それは健康法としてもお勧めできます。

現世利益的な祈りをするなら、まず他人のために祈ることからはじめましょう。人は誰でも、他人のために役立ちたいと思っているものです。ただ、優先順位が低いのです。まず自分、次に他人と考えています。実際は、自分のことで精一杯で他人まで行き着けないのが実情です。優先順位を変えればいいのです。

本当は、他人のために何かをすることほど、自分に役立つことはありません。なぜかと言うと、他人のためにしているとき、本当の自分の働きが活発化するからです。本当の自分が活発になるということは、遺伝子のオン／オフに関して有効な変化が起きると考えられます。祈りの状態で言えば、それはもっとも効果が現われるときです。

◎願いが実現した姿をイメージしながら祈る

祈りの研究は日本ではまだはじまったばかりで、研究実績が少ないために、数値的なものをお見せすることができません。しかし、近い将来、祈りと遺伝子の関係と数値化したデータの解析結果を発表できると思います。

それまでは、みなさん自身が自分なりのやり方で祈りの効果を試してみてください。今まであなたにまとわりついていた常識の枠を取り払って、自分自身が祈りの実験台になって、その効用を実感してみることをお勧めします。

やり方はこうです。まず自分の祈りを明確に決めます。

漠然と祈るのではなく、何を祈るかをはっきり決めてください。そのためには、自分に合った「祈りの言葉」を見つける必要があります。特定の宗教に属している人は、それぞれの流儀でおやりください。

たとえば、「私は○○である」とか、「世界の○○は△△である」とか、「○○でありますように」というふうにです。○○や△△には、祈りの具体的な内容が入ります。祈願する自分の目標や、希望する理想的な状態などによって、その内容は異なってきます。次のような祈りをして、大変身を遂げた女性がいます。

フィンドホーン共同体は、1960年代にスコットランドで誕生したスピリチュアルなプログラムやエコロジーに関するプログラムを実践する人たちの集まりですが、大変身を遂げた女性とは、その創設者、アイリーン・キャディです。

彼女は、「私はキリスト意識に溢れた美しい存在です」と宣言することを繰り返すうちに、一片の疑いもなく自分はそのような存在だとわかり、私たちはみんなそうだと確信するにいたったと言います。アイリーンは、どこにでもいるようなごくふつうの女性でしたが、祈りの宣言で本当の自分に目覚めたのです。

「祈りの言葉」は、その内容が実現した姿や状態をイメージしながら、唱えることが大切です。祈願や願望の祈りは、まだ実現していない事柄を祈るわけですが、その際にも「……だといいのですが」とか、「なったらいいな」というあいまいな言葉は絶対に使わないことです。

落とし穴があるとすれば、そこです。あいまいな言葉は、あいまいな現実しかもたらしません。ですから、祈願や願望がすでに実現した姿を思い浮かべながら、祈りの言葉を唱えるのです。初めのうちは、理想と現実の間にあるギャップにとまどうかもしれません。でも、重要なことは、このギャップを祈りの中に包み込むことです。祈りの言葉を唱えながら、その願いが叶えられたときの喜びや自分の姿を想像すれば、きっとワクワクするでしょう。この作業を最低でも1週間、できれば1カ月、3カ月、あるいは自分が決めた期限まで続けてみましょう。

すぐには結果は出ないかもしれませんが、あなた自身の祈る姿勢は、生活面で必ずプラスに働くはずです。

以前に、祈りは「現実的な行動」であると述べました。「祈りだけではだめだ」「祈ったぐらいで何になる」という消極的な意見や反論が見落としているのは、まさにこの点です。祈りこそが「最適解の行為」なのです。それはなぜか。それは祈りとは、生命を根源から生きることだからです。

生命の根源との統一を自覚・再認する祈りの行為は、大自然や大宇宙の中心と結び付いているので、自分にも他人にも調和した行為を現実にもたらすのです。

中心と言えば、手で円を描くとき、私たちには内に向かう求心運動と外へ広がる遠心運動がひとつに統合された感覚があります。これと同じことで、大宇宙の中心に向かう祈りの思いや祈りの行為は、同時に外へと広がって、まあるい完全な円を描くのだと思ってください。祈りは円を描く行為にたとえられます。円とは、完全な形や調和（円満）の象徴です。祈りのつど、私たちはこの円を描いているのです。心の現実や身体の現実を完全に調和した円で包み込んでいるのです。そのようにイメージすると、祈りやすいでしょう。

初めのうちは、時間や場所を決めて祈るのがいいでしょう。だんだん慣れてくれば、瞬間の祈りや合間の祈りもできるようになります。自然に息をするように祈るのが理想です。

☆　　☆

最後に、今まで述べたことをおさらいする意味で、祈るときの「注意点」をまとめておきます。重複するところもありますが、もう一度、しっかりと記憶に留めておいてください。

注意点は、大きく分けてふたつあります。ひとつは、祈りの実践や継続を妨げるものを取り除くことに関わります。もうひとつは、祈りを習慣化することに関わるものです。

◎祈りを妨げるものを取り除くこと

▼祈りの現実性への疑念——さまざまな形で、祈りの現実性を疑う思いが湧き上がってきます。「たかが祈りじゃないか」「祈っているだけではだめだ」などと、祈りへの疑念やためらいが出てくるものです。

祈っているけれど、どうも祈りの効果に確信が持てない、祈りの効果がすぐに現われないという、結果を性急に求める気持ちが原因です。それが祈りへの疑念を生み、ついには祈り否定の思いへと発展するのです。

◇その対処法は、考え方を180度転換することです。つまり、祈りはそれ自体が現実の行為であることに気づくことです。祈りは祈る人にもっともふさわしい答え、「最適解」をもたらす行為です。現実の行為というと、身体的な行為をすぐに連想しますが、祈りこそ「もっとも現実的な行為」なのです。仏教では心の思いも行為と見て、意業《いごう》と呼んでいます。

▼祈りを否定する思いや意見——祈りに対する疑念は、しばしば祈り否定の思いにまで高じてきます。祈っていると、「そんなことで世界や人間は変わるものか」と外から内からささやきが聞こえてくることがあります。それは今までの生き方や態度がそのような声に化けたものですが、誘惑に乗ってはいけません。

祈りを成就させるうえで、最大の障害は否定的な想念ですが、それに関連して、人間は自己暗示によっても大きな影響を受けます。この自己暗示には「意志と想像が争うとき、勝つのは想像である」という鉄則があります。自分が「こうしたい」という意志があっても、「きっとだめだろうな」と思うと必ずだめになるのです。この悪循環を断ち切らねばなりません。

◇対処法は、祈りを否定する思いが現われた瞬間に、その思いを否定することです。間髪を入れず、その否定の思いを否定するのです。つべこべ言わず、即座に、否定を否定する。それをしない限り、今度はその否定の思いが実現するのです。

自己暗示による悪循環を断ち切るには、その同じ暗示力を逆に味方につけて、「意志と想像が一致したとき、成果は和ではなく積である」という法則に訴えることです。つまり、祈りの際に、祈りが実現した姿を同時にイメージすることによって、祈りの働きをより強力なものにするのです。

▼あいまいな祈り――祈りの内容をあいまいにすることは、カメラのピンぼけのように、祈りの焦点が絞られていないということです。あいまいな祈りには、あいまい

な現実がもたらされるのは、しごく当然なことです。

◇その対処法としては、祈りの内容を明確にすることです。そのためには、自分に合った短い「祈りの言葉」、できれば、大らかな祈りの言葉を決めることが、何よりも重要です。祈りのつど、その言葉を唱える、あるいは宣言することです。また、祈りの際に、祈りの内容が実現された姿をできるだけ鮮明にイメージすることです。

◎祈りを習慣にすること

◇「いつでも、どこでも」祈るのが原則です。ただ、そうすると、「いつも」祈らず、「どこにいても」祈らないという状態に陥ることになりがちです。そのような生き方のくせがついているからです。そこで、祈りを生活の中に定着させる方法として、時間や場所を決めて祈る習慣を身につける必要が出てきます。

「いつ祈るか」「どこで祈るか」については、自分ができる無理のない範囲で、一定の時間に一定の場所で祈ることをはじめることです。たぶん、一日の初めと一日の終わりに、どこか決めた場所で祈るのが、もっとも無理がないでしょう。お勧めするのは、日の出前（あかつき）や就寝前に祈りをすることです。日の出前に祈るためには、少し早く起床することも必要かもしれません。

祈りの習慣が身についてくると、生活の節目節目で祈ったり、仕事や勉強をはじめる直前や終わった直後に祈ることも可能になります。直前の祈り、直後の祈り、合間の祈り、そのような瞬間の祈りを積み重ねていけば、ついにはこの呼吸、一息一息が祈りとなります。こうなると、祈りの達人です。

◇「何を祈るか」「どのように祈るか」については、短い「祈りの言葉」を唱える宣言が重要になります。願望や請願の祈りの言葉は、「○○でありますように」というのが典型的な定式となるでしょう。

願望成就、目標達成、理想実現などは、すべて「まだ○○ではない」という現状の認識があって、そこから「○○でありますように」という祈りが出てきます。その祈りの言葉は、まだ実現していない事柄を願っています。

祈りが深まってくると、祈りの言葉は、「○○でありますように」から「○○である」へと変容していきます。「○○である」と言い切ることは、宣言や断言の形式ですが、「もう○○である」という完了形とも言えます。つまり、現実と理想のギャップが包み込まれるような心境が開かれてくるわけです。

◇どんな祈りの場合でも、最後は「感謝の祈り」で締めくくってください。その感謝はサムシング・グレートでも、大宇宙や大自然でも、特定の神様や仏様、あるいは人間でも、何に向けられてもいいですから、任意に自分で決めてください。一日の最後を、寝床の中で感謝で締めくくるのと同じです。

現在の自分が置かれた状況を受け止め直すこと、それが感謝です。感謝の祈りを続けていると、「ここで、今、こうして息をしている」という単純な事実が、けっして当たり前ではなく、有り難い貴重なものに思われてきます。

エピローグ

祈ることは
いきいきと生きること

今、一番大きな問題は、戦争やテロでも、環境破壊でもなく、人々の心が病んでいることではないでしょうか。

心の病が癒されれば、世界のさまざまな問題も解決できるように思います。

では、どうやって人々の心の病を癒せばよいのか。その切り札として「祈り」があるのではないか、というのが私たちの立てた仮説でした。

幸いにして、現在は遺伝子の研究が進んで、心の問題にまで研究領域が広がってきています。身体が良くなったり、悪くなったりするとき、必ず遺伝子の働きが介在しています。

遺伝子には機械装置のオン／オフ機能に似た働きがあって、遺伝子がオンになると、その働きが出てきます。オンにならなければ、身体には何も変化は起きてきません。また、遺伝子は人間の生命エネルギーの源とも通じています。

遺伝子の働きはそれに留まりません。

喜怒哀楽のような感情にまで遺伝子は一役買っています。そのことは、笑いに関する研究からわかってきたことです。

最新の研究によると、ヒトの全遺伝子約2万2000個のうち50個くらいは、笑いで反応します。また、笑いによりオンになる遺伝子には、免疫力の向上や糖尿病による臓器疾患を抑制する働きまで見られるのです。

祈りでも同じような働きがあるのではないかと推察されます。笑いによって血糖値が下がるのであれば、祈りではどんな身体変化が起きるのでしょうか。

これは大変に興味深いことです。すでにアメリカでは、祈りによって奇跡的に病気が回復した例が多数報告され、それに関する科学的な研究がはじまっています。日本もこれから、祈りの遺伝子研究がはじまると思います。

人は大昔から祈ってきましたが、科学がこれだけ発達した現代でも祈りはなくなりません。人々が祈りをやめないのは、宗教のおかげかというと、そうでもないようで、逆に宗教離れが急速に進んでいます。

結局、人が祈りをやめないのは、祈ることが「いきいきと生きる」ことにつながっていることを直観的に感じ取っているからでしょう。

祈るという行為は、何か特別なものではありません。鳥が空を飛び、魚が水の中を泳ぐのが自然なように、人が祈るのは自然な行為です。

呼吸するような自然さで祈ること、つまり生きることの原点に立ち返って息をすることを深めるのが、祈り本来の姿なのではないでしょうか。生命をその根源から生きること、いきいきと生きること、これが私たちの抱いている「祈り」の原像です。

とはいえ、祈りを取り巻く現状は、旧態依然としています。祈りの意味など深く考えることもなく、人々は日々の生活に追われて、あわただしく毎日を送っているだけです。

もし、今のように祈りの心を忘れていくようだと、かつて日本人が持っていた心は失われ、取り返しのつかない事態を招くかもしれません。

日本は豊かな国ですが、人はどんなに物質的に恵まれても、不安や不満はなくなりません。また、どんなに健康な身体に恵まれていたとしても、その身体としての命に限りがあるという人間の条件に変わりはありません。私たちの心は、いつまでたっても落ち着きません。

しかし、もし心が落ち着くことがあるとすれば、それは祈りを生活の中に取り入れたときでしょう。また、現代文明の混迷や行き詰まりを打ち破る切り札があるとすれば、祈り以外にはないだろうと、私たちは考えています。

今こそ、人々の心に祈りを復活させる必要があります。一人でも多くの人たちが祈ることの大切さを思い出し、祈りの意義に気づいてもらいたいものです。

祈りを生活に取り入れることで、私たちの生き方は劇的に改善されるはずです。というのも、祈りはあらゆる分野で驚異的な効果を発揮すると想定されるからです。

復活させる必要があるのは、個人の願いとしての祈りではありません。そうではなく、個人の願いが大宇宙の中心と結び付き、宇宙大に広がるような祈りです。願いは祈りへと昇華されねばならない、私たちはそう確信しています。

本書によって、そういう気持ちをいささかでも感じていただければ、まことに幸いです。

おわりに

本書は、「祈りと遺伝子」に関して、村上和雄先生と何度も意見の交換を重ね、共通に了解した事柄を確認したうえで、二人の考えを分けずにひとつの見解としてまとめたものです。

「祈りと遺伝子」というテーマは、あるいは奇異な印象を与えるかもしれません。一見すると、きわめて異質なもの同士が併置されていると思われるからです。

たしかに、「祈り」と「遺伝子」は、あらゆる点で異なっているように見えます。「祈り」と言えば、宗教者（神官や僧侶など聖職者）と呼ばれている特殊な人たちが専門に行なっているものと思われています。

それに対して、「遺伝子」のほうは、地球上のすべての人類だけではなく、すべての生物の基礎をなす身体設計に関する普遍的な情報コードです。単純な構造の大腸菌から複雑な脳・神経系を有する人間にいたるまでの全生物は、共通の遺伝子コードによって作られています。「祈り」は、特殊な人たちの特殊な行為と見なされ、「遺伝子」は全生物に共通した普遍的な情報コードです。言い換えれば、「祈り」は特殊な真理に参与する〈宗教〉の行為であるのに対して、「遺伝子」は普遍的な真理を解明しようとする〈科学〉の対象であるのです。

このように特殊性に関わる「祈り」と普遍性に関わる「遺伝子」が、本テーマの中で結び付いているわけですから、違和感を覚えたとしても、それは無理のないことでしょう。とはいえ、この「普遍」と「特殊」に関する話は、けっして単純ではありません。普遍的なものは、いつでも、どこでも、誰にでも該当するようなものですが、特殊なものは、時代や地域や文化によって制約を受けるものです。時代や地域や文化によって変わるような相対的な性格のものです。

そこで問うべきことは、普遍的だと思われているものが、本当に普遍的かどうかということです。この問題を掘り下げていくと、特殊な真理と思われている宗教の根底にはかえって一種の普遍性が宿されていることや、普遍的な真理と考えられている科学が実は歴史的、文化的に制約を受けた特殊な普遍性の思考法であることにも気づくはずです。

本書の中で示した「祈り」の見方は、祈りを特殊な行為と見ないで、人間の自然本性に由来する行為・状態と見るものです。従来の祈りの理解は、「宗教」の枠の中だけで捉える傾向が強いものでした。

しかし、「祈り」にはもともと「生命の宣言」という意味がありますので、いったん宗教の枠を取りはずして、祈りを人間に普遍的な行為・状態として見ることを提案しました。

祈りは「生命をその根源から生きる」ことであり、「いきいきと生きる」ことである。これが私たちの基本認識です。いわば、祈りの捉え方を特殊レベルから普遍レベルへと解放したのです。そうすることで、祈りの問題は、特殊レベルと普遍レベルが否応なしに交差し、交錯することになると予想されます。

この特殊と普遍の交差・交錯は、「祈り」だけではなく、「人間」観に関してても、従来よりいっそう深くていっそう広い視野を要求することになるはずです。

21世紀は、自然科学の知見と人文・社会科学の知見が有機的に統合される時代だと考えられます。それぞれの学問の視座から眺められた人間像は、その視座の制約を受けて一面的で断片的なものになるのは、ある意味ではやむをえません。

そのようにバラバラに分断された人間像をひとつにつなぎ合わせる作業は、今までほとんど行なわれてきませんでした。それが、今世紀に諸々の学問的知見を総結集して、ひとつの全体像に復元されるのではないかと期待されています。

その復元作業の中から姿を現わしてくるのは、私たちに馴染みのある「有限な人間像」というよりも、「全人としての人間像」だと思われます。

「全人としての人間像」とは、どんなものでしょうか。

実は、それこそ「祈りと遺伝子」の研究を通して明らかになってくるものではないかと推察されるのです。一方の祈りはいきいきと生きる全人的な行為・状態です。他方、遺伝子は心身相関に関わる生命の暗号です。この両者が交わることによって、「全人としての人間像」がいよいよその輪郭線を顕《あら》わにしてくるものと思われます。

ご存じのように、医療界ではすでに全人的医療（holistic medicine）というスローガンが掲げられています。自然科学の知見と人文・社会科学の知見との分裂を統合するのにもっとも近い位置にある分野が、人間を対象とする医学研究であり、また医療現場なのです。

「ホリスティック」という言葉は、全体を意味するギリシア語ホロスに由来しますが、それが英語のwhole（全体の）、health（健康）、holy（神聖な）などの語源であるのは、大変興味深いことです。「健康」や「神聖」なことが、人間存在「全体」と不可分に結び付いているのです。「全人としての人間像」も、これらの要素を本質的に内包したものとして浮かび上がるに違いありません。

村上先生は京都大学農学部・大学院農学研究科のご出身であり、私も京都大学文学部・大学院文学研究科で学びました。時期は異なりますが、ともに若き修学の時代を自由闊達《じゆうかったつ》な校風で知られる京都大学で過ごしたことは、その後の人生の歩みや研究姿勢に少なからぬ影響を及ぼしていると思われます。

期せずして、二人とも京都から筑波に研究の拠点を移しました。ただし、村上先生の場合は、長期間の米国滞在を経由してですが。

村上先生と私が同じ筑波大学に勤務しながら、同じキャンパスの澄み切った空気を吸っていた期間は、7年間（1992年春〜1999年春）ほどあります。何度かキャンパスでお姿を拝見したことはありましたが、お会いしてきちっとご挨拶をしたことは一度もなかったように記憶しています。

村上先生は、1983年に高血圧の黒幕と称される酵素「ヒトレニン」の遺伝子解読に世界に先駆けて成功されたわけですが、その後のご研究も目覚ましいものがあります。

1999年3月末に筑波大学をご退官後、イネの全遺伝子解読という国家的プロジェクトに参画されて、2003年3月に世界で最初に成功され、またそれと相前後して、国際科学振興財団のバイオ研究所所長として2002年に「心と遺伝子研究会」を立ち上げられ、笑いと血糖値・遺伝子等のご研究で大きな成果を発表されました。

いずれも、ハーバード大学やパスツール研究所、スイスのシンジェンタ社や米中合同研究チームなど世界トップクラスの競争相手に一歩先んじて発表されたものです。科学の進歩は日進月歩ですから、最先端の科学者はそのような過酷な国際競争を強いられているのです。

一方、私はといえば、のんびりしたもので、2002年の12月に京都府立医科大学に勤務先を移して以来、「宗教と医学」の接点を暗中模索していました。宗教研究と医学研究はあまりに乖離《かいり》しており、医学や医療の現実を知れば知るほど、宗教と医学が結び付く接点は見出せないように思い、少し途方に暮れていました。

そのような手探りの状況下でようやく見出したテーマが、末期患者に対するスピリチュアルケア・緩和ケアや、西洋医学と補完・代替療法がひとつになった統合医療であったのです。

幸いにも医学研究や医療現場の周辺に身を置く者として、西洋医学の有効性とその限界や、医療と宗教（霊性）の連携という将来重要視されるはずのテーマにも、学問的な立場から本格的に取り組まねばと感じていました。

そのような折り、2007年の正月明けに、村上先生より「祈りと遺伝子」の共同研究のお誘いのお電話をいただいたのです。最初は、わが耳を疑いました。小生のことなどご存じないはずのあの村上先生より直々のお誘いがあったのですから。それは願ってもないテーマでした。「いよいよ時節到来！」と私は興奮を抑え切れませんでした。

祈ることによって、どの遺伝子がスイッチオンになるのか。反対にどの遺伝子がスイッチオフになるのか。これを科学的に解明するには、大変な手間と労力と資金が必要なことは、素人でもわかることです。

この研究成果が世に出れば、世界の情勢は大きく変わるはずです。医療が変わるだけではなく、人間という不思議な存在の片鱗《へんりん》が垣間見られることでしょう。

本書は、「祈りと遺伝子」に関する科学的な研究成果が具体的な形で公表される前に、それに先立って「祈り」について基本的な認識を素描しておくことで、祈りの共通理解を深めるための材料を提供するとともに、祈りについての誤解や無用の混乱を避けたいという私たちの願いから誕生したものです。

「祈りと遺伝子」という研究テーマは、「祈り」と「遺伝子」というふたつの異なるテーマの出会いから生まれたものに違いありません。しかし、実は敬虔な信仰心をお持ちの村上先生ご自身においても、「信仰（宗教）」と「科学」は共存と葛藤を繰り返しながら、たがいに共鳴し合うような状況が内面で醸成されていたのでした。「信仰」と「科学」が共鳴し合う状況へと導いたものが、素晴らしい遺伝子の働きであり、その背後にある「サムシング・グレート」の働きであることは、今さら断わるまでもありません。したがって、「祈りと遺伝子」のテーマは、科学者がたまたま祈りを取り上げたことで生まれたということではなく、「信仰」と「科学」の狭間に身を置いた「祈る科学者」が出会うべくして出会った、その意味では宿命的なテーマに違いありません。

このようなテーマへの共同研究へのお誘いは、私にとっては、「宗教と医学」の接点を手探りしていた状況下でまさに「渡りに船」だったわけです。

科学と宗教は、一般に考えられているほど、たがいに隔たっているものでしょうか。たしかに、現状では両者は容易には結び付きません。

科学は物体や身体（肉体）をさしあたり研究対象としていますが、宗教は心や魂（霊）を重視しています。遺伝子が肉体の設計図であるのに対して、祈りは全人的な行為・状態です。この科学と宗教の認識上の分裂は、人間観にもそのまま反映されています。

ところが、人間存在全体（全人としての人間像）を問う場合、心身はバラバラではなくて統一態であり、しかもたんに心身相関を論ずるだけでは、話は決着がつきません。心身を包み込む何ものかが不可欠となるはずです。

その心身相関を根底で成り立たせているもの、つまり村上先生の言われる「サムシング・グレート」についての認識が、昨今の議論ではどうも欠落しているように思われてなりません。

普遍的だと思われている科学の真理と、特殊だと思われている宗教の真理が、二重真理として分裂することなく、ひとつに統合されたより包括的な真理となるために、いったい私たちにはどのような認識の転換が求められているのでしょうか。

本書が、この重要な問題を改めて考えるためのひとつのきっかけになれ
ばと願っております。

このたび、祥伝社黄金文庫の一冊として刊行されることになりました。
ますます多くの読者のみなさまに読んでいただけることを、心より願って
おります。

２０１０年12月

棚次　正和

『人は何のために「祈る」のか』文庫化に際して

　私たちの願いは、いつまでも健康でありたいということです。WHO（世界保健機関）の健康の定義は次のようなものとなっています。

「健康とは、単に病気でない状態を意味するのではなく、完全な肉体的、精神的、社会的に健康な状態である」

　この従来の健康の定義に加えて、スピリチュアルという言葉を追加することの是非をめぐって、半世紀も前から議論が続いています。その焦点であるスピリチュアルの訳語そのものにも、日本でもいまだに統一的な見解がありません。

　そもそもスピリチュアルなものとは、単なる心ではなく、心と体をつなぐ人間存在にとって核なるものを指しており、日本では、古来「霊」や「魂」、あるいは「霊魂」と呼ばれてきたものではないかと私は考えています。

しかし、その霊と魂はどんなものかと問われれば、現代科学で、明確に説明することは不可能です。

私の専門である遺伝子のレベルでも、魂について説明する言葉は、今のところ持ち合わせがありません。遺伝子は物質だからです。とはいえ、説明できないことが、無いことにはなりません。

たとえば、心は目には見えませんが、心の存在や働きは誰もが認めるところです。魂の問題も同様ではないでしょうか。心と遺伝子の関係を探る私の研究も、将来的には、魂の働きまで視野に入れることができればと私は願っています。

私は、人間とは、肉体と心とスピリチュアルな存在の三つの要素から成り立っているのではないかと考えています。

一般に、私たちは自分の身体を自分のものであると思っています。しかし、物質レベルで見たとき、はたしてそうなのでしょうか。私たちの身体は、酸素、炭素、水素、窒素などの元素から成り立っています。これらの元素は、すべて地球上の元素から来ています。

つまり、地球上の元素を無機物の形で植物が摂取し、その植物を草食動物が食べます。そして、私たち人間は、その動物や植物を食べて生命を維持しています。したがって、私たちの身体を構成する元素は、もとをたどれば、すべて地球に由来するというわけです。

そうすると、私たち人間の身体は、地球や宇宙、大自然から「借りている」と言えなくもありません。借りものである証拠に、私たちの身体は、一定期間は地球上で使うことができますが、やがて消滅して物質となり、地球に還元せざるをえません。今風に言えば、地球から一時レンタルした身体を、死という期限が来ることによって返却するのです。

このように考えると、物質レベルで私たちの身体の貸し主は地球ということになります。それでは借り主は誰でしょうか。それが、それぞれの人のスピリチュアルな存在ではないでしょうか。

末期状態や難病を抱えた患者は、自分の人生の意味がわからないなどの心や魂の痛みを持っています。これはスピリチュアル・ペインと呼ばれています。一方、これらを癒していくことをスピリチュアル・ケアと呼びます。このケアが必要なのは、単に病人だけではありません。

健常人を含め、私たちが真に健康に生きるためには、医療とともに魂の問題を含めた深い感性が必要であると私は思います。

その感性の表われのひとつが、私たちの身体の貸し主である大自然に対する感謝の祈りなのです。

今回の『人は何のために「祈る」のか』の文庫化を契機として、祈りと遺伝子、心や魂と遺伝子の研究をさらに発展させたいと私は願っています。

２０１０年12月

村上　和雄

参考文献

アーネスト・L・ロッシ（伊藤はるみ訳）『精神生物学』（日本教文社）
日本統合医療学会編『統合医療基礎と臨床Part1・2』（ゾディアック）
宗像恒次・小林啓一郎『健康遺伝子が目覚めるがんのSAT療法』（春秋社）
ダライ・ラマ14世テンジン・ギャツォ（マリア・リンチェン訳）『ダライ・ラマ慈悲の力』（春秋社）
ダライ・ラマ（伊藤真訳）『ダライ・ラマ科学への旅』（サンガ）
大野勝彦『よし、かかってこい！』（サンマーク出版）
大野勝彦『はい、わかりました。』（サンマーク出版）
大越俊夫『「自分」との対話』（サンマーク出版）
芳村思風『21世紀日本の使命』（致知出版社）
西園寺昌美『真理――苦悩の終焉』（白光真宏会出版本部）
プラトン（種山恭子・田之頭安彦訳）『プラトン全集12』（岩波書店）
アルベルト・アインシュタイン（中村誠太郎・南部陽一郎・市井三郎訳）『晩年に想う』（講談社）
マイケル・ホワイト、ジョン・グリビン（仙名紀訳）『素顔のアインシュタイン』（新潮社）
フランソワーズ・バリバール（南条郁子訳）『アインシュタインの世界』（創元社）
ラリー・ドッシー（上野圭一・井上哲彰訳）『魂の再発見』（春秋社）
ラリー・ドッシー（大塚晃志郎訳）『祈る心は、治る力』（日本教文社）

ラリー・ドッシー（小川昭子訳）『平凡な事柄の非凡な治癒力』（日本教文社）
養老孟司『まともバカ』（大和書房）
村上和雄『生命の暗号』（サンマーク出版）
村上和雄『人生の暗号』（サンマーク出版）
村上和雄『遺伝子オンで生きる』（サンマーク出版）
村上和雄『笑う！遺伝子』（一二三書房）
村上和雄『遺伝子からのメッセージ』（朝日新聞社）
村上和雄『運命の暗号』（幻冬舎）
棚次正和『宗教の根源―祈りの人間論序説』（世界思想社）
棚次正和・山中弘編著『宗教学入門』（ミネルヴァ書房）
棚次正和『祈りの人間学―いきいきと生きる』（世界思想社）

DVD資料

ダライ・ラマ『「慈悲の力」ダライ・ラマ法王２００３年来日公演記録』（ビオ・マガジン）

本書は、２００８年5月、小社より単行本『人は何のために「祈る」のか』として刊行された作品を、加筆・修正して文庫化したものです。

人は何のために「祈る」のか

一〇〇字書評

切り取り線

購買動機（新聞、雑誌名を記入するか、あるいは○をつけてください）

- □（　　　　　　　　　　　　）の広告を見て
- □（　　　　　　　　　　　　）の書評を見て
- □ 知人のすすめで　　　□ タイトルに惹かれて
- □ カバーがよかったから　　　□ 内容が面白そうだから
- □ 好きな作家だから　　　□ 好きな分野の本だから

●最近、最も感銘を受けた作品名をお書きください

●あなたのお好きな作家名をお書きください

●その他、ご要望がありましたらお書きください

住所	〒				
氏名		職業		年齢	
新刊情報等のパソコンメール配信を 希望する・しない	Eメール	※携帯には配信できません			

あなたにお願い

この本の感想を、編集部までお寄せいただけたらありがたく存じます。今後の企画の参考にさせていただきます。Eメールでも結構です。

いただいた「一〇〇字書評」は、新聞・雑誌等に紹介させていただくことがあります。その場合はお礼として特製図書カードを差し上げます。

前ページの原稿用紙に書評をお書きの上、切り取り、左記までお送りください。宛先の住所は不要です。

なお、ご記入いただいたお名前、ご住所等は、書評紹介の事前了解、謝礼のお届けのためだけに利用し、そのほかの目的のために利用することはありません。

〒一〇一-八七〇一
祥伝社黄金文庫編集長　栗原和子
☎〇三（三二六五）二〇八四
ohgon@shodensha.co.jp

祥伝社ホームページの「ブックレビュー」からも、書けるようになりました。
www.shodensha.co.jp/bookreview

祥伝社黄金文庫

人《ひと》は何《なん》のために「祈《いの》る」のか

生命《せいめい》の遺伝子《いでんし》はその声《こえ》を聴《き》いている

平成22年12月20日　初版第1刷発行
令和 6 年11月10日　初版第7刷発行

著　者　村上和雄《むらかみかずお》・棚次正和《たなつぐまさかず》

発行者　辻　浩明

発行所　祥伝社《しょうでんしゃ》

〒101－8701
東京都千代田区神田神保町3－3
電話　03（3265）2084（編集）
電話　03（3265）2081（販売）
電話　03（3265）3622（製作）
www.shodensha.co.jp

印刷所　光邦

製本所　ナショナル製本

　ISBN978-4-396-31531-3 C0195